本册编委会

主　编

赵艳艳

副主编

金庆红

成　员

吴丹娜　俞　敏　杜津津　陈少筠　陈晓波
章迎华　王超锋　朱　红　张旦羚　施越辉
肖　飞　朱　青

润活动

创享“数智”时代的童年幸福

“上城教育高质量发展系列丛书”编委会
编　著

上海交通大學出版社
SHANGHAI JIAO TONG UNIVERSITY PRESS

图书在版编目 (CIP) 数据

淘活动：创享“数智”时代的童年幸福 / “上城教质育高质量发展系列丛书”编委会编著 .—上海：上海交通大学出版社，2023.5
ISBN 978-7-313-28465-5

Ⅰ.①淘… Ⅱ.①上… Ⅲ.①活动课程－教学研究－中小学 Ⅳ.① G632.3

中国国家版本馆 CIP 数据核字（2023）第 062454 号

淘活动：创享“数智”时代的童年幸福
TAOHUODONG: CHUANGXIANG SHUZHI SHIDAI DE TONGNIAN XINGFU

编　　著：“上城教育高质量发展系列丛书”编委会
出版发行：上海交通大学出版社　　地　　址：上海市番禺路 951 号
邮政编码：200030　　电　　话：021-64071208
印　　刷：杭州捷派印务有限公司　　经　　销：全国新华书店
开　　本：710mm×1000mm　1/16　　印　　张：13.75
字　　数：202 千字
版　　次：2023 年 5 月第 1 版　　印　　次：2023 年 5 月第 1 次印刷
书　　号：ISBN 978-7-313-28465-5
定　　价：78.00 元

总　序

⦿

2022 年 10 月，中国共产党第二十次全国代表大会胜利召开。党的二十大报告指出：从现在起，中国共产党的中心任务就是团结带领全国各族人民全面建成社会主义现代化强国、实现第二个百年奋斗目标，以中国式现代化全面推进中华民族伟大复兴。高质量发展是全面建设社会主义现代化国家的首要任务，而教育又是全面建设社会主义现代化国家的基础性、战略性支撑之一。

建设高质量教育体系，要以改革教育教学为动力。教育工作者要转变教育观念，遵循青少年儿童发展规律，践行“顺性教育”理念；要改革培养人才模式，改善教育方式方法，改进教育评价制度，落实“双减”要求，推进素质教育；要科学地运用信息技术，促进教育数字化，把现代技术与优秀教育传统相结合，促进教育现代化。

杭州市上城区作为长三角主要城市的中心城区，历史悠久，底蕴深厚，在探索教育高质量发展的实践方面起步较早，形成了很多具有区域特色的发展经验。这些年来，我多次到过上城，访问参观多所学校，与上城的教育行政干部和学校教师有所接触，并目睹了上城教育发生的变化，我认为以下几个方面值得关注：

一是以创新发展推动教育改革。“惟改革者进，惟创新者强。”一直以来，上城都肩负着为教育改革探路先行的历史使命，在理念、机制、服务创新方面作出了有益的尝试。在数字化时代的背景下，上城全面推进教育领域的数字化改革，构建了数字化、空间化、智能化、一体化的数智治理格局。此外，上城重视家庭教育，在全国首创“星级家长执照”，开创家长“持证上岗”的先河，为家校协同育人探索了新的路径。

二是以协调发展促进优质均衡。教育高质量是实现全学段、全领域、全系统的优质均衡，是在政府、学校、社会等主体之间建立良性互动。上城加大统筹力度，开发上线“淘活动”平台，有效整合各类校内外活动资源，打造“九养上城”课程体系，让城市居民乐享终身学习，让各级各类教育的价值与功能实现最大化和最优化。

三是以绿色发展提升育人品质。教育的高质量是在“质”与“量”方面都达到高水准，关注的是人的可持续发展。上城坚持以学生为本，尊重学生的身心发展规律。一方面，深入推进面向学生、教师、学校的教育评价改革，树立科学的教育质量观和人才培养观。另一方面，将课堂作为立德树人的主渠道，启动“思维课堂”研究，实现课堂从“知识立意”“能力立意”到“素养立意”，以思维发展促进学生核心素养落地。

四是以开放发展实现要素整合。高质量的教育体系是开放的，包括系统内部各类资源的开放，也包括系统外部各种要素的开放。上城坚持开放的教育理念，着力打破校园围墙与学科壁垒，探索建设区域学习中心，以“走班—走校—走社会”的新型学习机制，促进学生个性化发展。坚持以德化人，打造特色德育品牌“行走德育”，让学生走出校园、走入社会，以“行走”的方式践行社会主义核心价值观。

五是以共享发展助力教育公平。共同富裕是新时代的命题，教育均衡发展是共同富裕的基础，也是共同富裕的重要体现。上城在共同富裕的背景下，创新名校集群的发展范式，打造教育“新共同体”十大模式，强化师资队伍建设，以“五阶段、五梯队、多维度”的“教育人才多维生长台”助力教师专业发展，促进优质教育资源为群众所共享，以教育公平促进社会公平正义。

上城教育的发展，充分体现其对教育高质量发展的解读、思考与实践，展现了上城胸怀“国之大者”的视野与格局。上城教育编写出版的“上城教育高质量发展系列丛书”，全面梳理并总结了其教育改革发展的成果，涵盖名校集群建设、教育数字化改革、课堂教学改革、教育评价改革、教师培养、学校德育、家庭教育等方方面面，内容丰富、站位高远、系统性强，既有科学的教育理论，又有典型的经验案例，体现了理论与实践的统一、科学与趣味的统一。

“上城教育高质量发展系列丛书”汇集了上城教育育人实践的精华，凝聚了很多有价值的发展经验，为各地的教育改革发展提供了参考和借鉴的对象，有助于建设高质量的教育体系。相信更多的教育人能够从书中得到启迪，进一步锐意改革、积极创新，有力推动教育高质量发展。祝贺本套丛书的出版问世！

是为序。

北京师范大学资深教授
中国教育学会名誉会长
2022 年 11 月 28 日

序

⊙

《淘活动：创享“数智”时代的童年幸福》记录了上城区在组织学生课外活动方面，充分运用信息化平台的功能，改革组织方式、丰富活动内容、扩大活动参与范围和资源供给渠道、创新学生校内外学习新格局的整个过程，对于开展校外教育实践活动很有借鉴意义和参与价值，值得同行关注。

20 世纪 90 年代以来，互联网和计算机技术的发展，改变了信息的储存和传播方式，引发了人们学习和生活方式的空前革命。科技的发展打破了原有的时空限制，人们可以随时随地进行各种学习。而这种无时不在、无处不在的学习，既使得终身学习和个性化学习成为可能，又会催生人们终身学习和个性化学习的需求。显然，新的学习方式和学习需求不仅给学校教育也给校外教育的组织方式带来了新的要求。上城区校外教育的变革正是在这一背景下展开的。

上城区校外教育的发展顺应了这样的变化：由于学习工具的多样化和泛在学习的发生，碎片化学习越发普遍，学校教育与校外教育的界限日益模糊。

从学习者的角度来看，学习是一个获得信息的过程。信息既可以从校内获得，也可以从校外获得，尤其在如今互联网十分发达的情况下，网络逐渐成为人们获得信息的重要途径，碎片化学习的重要性或将越发趋近于课堂学习的重要性。正因为如此，上城区在规划校外教育大格局的时候，不再把校外教育作为学校教育的补充，而是综合考虑校内外教育的协调发展。这种思路的变化带来了格局的变化，给上城校外教育的未来发展注入了持续的动力，开拓了宽广的发展空间。

当今世界，人们所需要的不仅是陈述性知识和掌握知识的解释性意义，还有程序性知识和策略性知识，解决“怎么做”的问题。因此，学习要倡导“做中学”、尝试“项目化”、推广“体验式”。教师要传授元认知知识，即通过认识什么因素影响人的认知活动过程与结果、这些因素是如何起作用的、它们之间又是怎样相互作用的等问题，以此来指导学生学会学习。还包括学生怎么把握自己的认知特点，怎么制订和调整学习规划，以及怎么发现学习过程中的问题等。如果教师都用讲授式的方法进行教学，学生都用机械记忆的方法进行学习，学生是无法真正掌握这些知识的。因此，一定要运用情景化、项目化的学习方式，进行体验式学习，让学生真正做到“做中学”，真正领悟并学会运用这些知识。这样，教学就一定要打破时间和空间的限制，从教室内走到教室外，从学校内走到学校外。这些都需要打破校内外学习的边界，建构新的教学秩序和流程。在这方面，校外机构有它独特的优势。上城区的校外教育在发展中结合“双减”的要求，主动发挥自身原有的资源优势，同时积极整合社会力量，运用各种科技手段，在五育并举的大目标下，积极顺应当代学习方式变革的趋势，通过丰富多彩的活动帮助学生高效地建立起知识系统，拓展其认知边界，体会“无处不在的学习”，从而让学生养成主动学习、随时学习、终身学习的习惯，为其未来的发展打下坚实的基础。其实，“双减”的根本目的是给予学生在童年和少年时应有的和向往的生活。如果“双减”之后校园生活依然几乎是学生生活的全部，那么“双减”的那些“成效”也就失去了意义。因此，上城区让校外机构与学校一起给学生带来更多回归自然、回归生活的机会，学校内外紧密结合，给予学生家的和谐与爱的温暖，激发学生探究的渴望与学习的自觉，这才能真正给予学生精神的寄托与灵魂的慰藉。这样的学习生活才能成为学生成长的摇篮，才会让学生真正感受到生命的价值与意义。

新时代呼唤新担当，新使命成就新作为。校外教育作为我国社会主义教育事业的重要组成部分，是促进学生思想道德建设和德智体美劳全面发展的重要途径，是社会主义核心价值体系融入国民教育全过程的重要载体。希望上城区的校外机构在已有成绩的基础上，进一步革新教育理念、创新服务模式、集聚社会优质资源，努力为广大青少年学生提供更加丰富和多样的优质教育资源，切实发挥校外教育在促进学生身心健康、人格健全中的独特价值，形成多样化、个性化、有活力的校外教育发展新格局，使校外教育更加精准地对接发展所需、民心所向。同时，形成校外教育与学校教育相互交融、有益互补的校内外育人共同体，为实现广大青少年学生全面而有个性的发展做出贡献。

尹后庆

中国教育学会副会长
上海市教育学会会长

2023 年 1 月

目录

CONTENTS

第一章
绪论

步入 21 世纪以后，人类的一切行为都在以信息技术为基本工具与媒介的环境中发生，这使得人类的思维方式、生活方式、交往方式、工作方式等都发生了巨大的变化。教育亦然，信息技术的发展正在推动教学方式、学习方式、教学评价方式以及教学管理模式等不断转型升级，培养新一代学习者的创新能力、交流协作能力、发现及解决问题的能力已成为当代教育工作者关注的重点。新一代学习者正在从被动接受学习转向主动发现探究，由此对智能化学习环境、泛在化学习资源、个性化学习方式的需求也越来越高。当代教育变革的关键就是探索信息技术在助推教育创新方面可能发挥的效用，从而满足学习者的新需求，破解当前教育发展中的难题。

第一节
数智时代：我们的机遇与挑战

⦿

在这个日新月异的互联网时代，信息技术不断发展迭代。5G、大数据、云计算、区块链、人工智能等越来越多的新技术应运而生，发展速度的迅猛超乎想象。这些新技术似乎刚映入我们的视野，就走进了我们的生活。从数字化到数智化，一个全新的时代已经到来。在教育领域，科技革命与产业革命给传统教育带来前所未有的挑战，也为教育改革带来了新的发展机遇。教育要培养面向未来的人才，这是摆在我们面前的新课题。

一、数智化带来的教育变革

每个历史时期的教育都具有鲜明的时代色彩，这是由教育的社会属性决定的。第一次工业革命以来，教育长期属于劳动密集型产业。以学校为代表的现代意义上的教育制度，采用的是标准化的教育模式，大批量地培养生产人才。没有新的技术作为强有力的支撑，教育就不可能发生根本性的改变。

2019年，中共中央、国务院在《中国教育现代化2035》中提出的“十大战略”之一就是“加快信息化时代教育变革”，明确了要“利用现代技术加快推动人才培养模式改革，实现规模化教育与个性化培养的有机结合。创新教育服务业态，建立数字教育资源共建共享机制”。同年，教育部和联合国教科文组织合作举办了“国际人工智能与教育大会”，习近平总书记向大会致贺信，指出，人工智能是引领新一轮科技革命和产业变革的重要驱动力，正深刻改变着人们的生产、生活、学习方式，推动人类社会迎来人机协同、跨界融合、共创分享的智能时代。2021 年 7 月，《教育部等六部门关于推进教育新型基础设施建设构建高质量教育支撑体系的指导意见》（教科信〔2021〕2 号）印发，指出，“教育新型基础设施是以新发展理念为引领，以信息化为主导，面向教育高质量发展需要，聚焦信息网络、平台体系、数字资源、智慧校园、创新应用、可信安全等方面的新型基础设施体系。教育新型基础设施建设（以下简称‘新基建’）是国家新基建的重要组成部分，是信息化时代教育变革的牵引力量，是加快推进教育现代化、建设教育强国的战略举措”。可见，教育的数字化转型，可能带来教育领域一场深刻的革命，从而重塑教育的生态。在《教育部 2022 年工作要点》中，再一次提及实施教育数字化战略行动，加快推进教育数字转型和智能升级。以上所述，不仅描绘了新时代背景下我国教育发展的蓝图，更指引着我国技术进步引领教育变革的战略方向。

从全球视野看，2015 年 9 月，第 70 届联合国大会通过的《改变我们的世界——2030 年可持续发展议程》中，有一项可持续发展目标是这样描述的：确保包容和公平的优质教育，让全民终身享有学习机会。这是全人类的共同教育愿景。有效运用技术引领教育变革，推进教育公平均衡，提供丰富的学习资源，拓展学习的路径，增加学习的机会，将是当前环境下教育者以科学技术推进教育发展的重要战略目标。

1. 数智化教育的新特点

随着数字技术不断发展，应用的领域不断扩大，程度也不断提升，“数智化”的内涵不断丰富与拓展。有学者指出，从“数字化”到“数智化”，旨在运用数字技术，把人的智慧管理起来。也有学者认为，“数智化”最高阶的体现是“智慧城市”与“万物互联”，构建人机共生的生态，关注人与环境的相互作用，强调人与人的“思频互联”，逐渐从技术层面深入文化层面。数字技术在教育领域的广泛应用与深度融合，突破了传统教育的局限性，让教育变得更智慧，进而逐渐形成一种新的教育生态。

首先，学习资源更丰富。传统教育中的学习资源，基本以纸质为主要载体，文本是获取知识的主要渠道。数字技术的广泛应用、移动智能终端的出现、各类资源平台的建设，极大地丰富了学习资源的表现形式和内容，学习者可以通过多媒体视听等方式获取更加直观、更加立体、更加便捷的智慧型资源服务。

其次，学习方式个性化。传统教育带有浓厚的工业时代人才培养的烙印。长期的实践证明，过于强调规模化和标准化，对于学习者的自主性发展具有制约性。有了技术的支持，强化学习者的个性化地位、实现个性化学习成为可能。学习者作为学习活动的主体，可以在开放的环境中自主选择内容、灵活安排进度、筛选学习资源。学习者不仅有独立学习的空间与时间，还可以与志趣相投的同伴进行交流，构建个性化的学习共同体，使得协同分享在学习过程中得以实现。新型的学习方式体现出规模化、跨界化、个性化、创新化等特点，能突破传统学习的界限，满足个性化发展的诉求，也是智慧化教育的重要目标之一。

最后，学习场景更多维。新的学习环境不再有围墙的限制，不再是封闭固定的场所，而是一个集数字技术、学习方式、知识变革于一体的无边多维的极度空间。由此产生了泛在学习、混合学习、订制学习等多种形式，学习者获得一种全新而高效的智慧体验。

2. 数智化教育的新样态

随着数智化的深入发展，传统教育正在经历一场针对教育本质的深度变革，标准化教育朝着个性化、多样化的方向发展。数智时代的教育环境具有数字化、泛在化、高效能等特点，打破了传统教育的时空限制，使教育从封闭走向开放、共享，使教育资源的配置得到了优化，促进了教育的公平化、多元化和生态化。

无边界的学习。陶行知先生指出，“生活即教育”“社会即学校”。教育脱离了社会，脱离了生活，就不是真正的教育。未来我们需要建设一个更为开放多元的系统，充分整合运用各种社会资源开展教育，协同建立教育与现实世界的联系，使整个社会成为学生成长的大课堂，使社会生活成为学生学习的有效资源。如今，无边界学校的理念已经得到越来越多教育者的认同，其最初源于国外一些高校的建设发展经验。最典型的就是美国的密涅瓦大学，它就是一所“没有校园的大学”，在全球七座城市与当地院校和企业合作，开设丰富的体验式学习项目（俗称“游学”），学生可以利用图书馆、实验室进行学习，可以利用一切可用的社会资源，这实现了高等教育的结构性创新。无边界学习带来了育人机制的重构（见图 1-1-1），它主要有三方面的特点：一是把学习与现实生活连接起来，鉴于课程内容的不同，学生的学习场

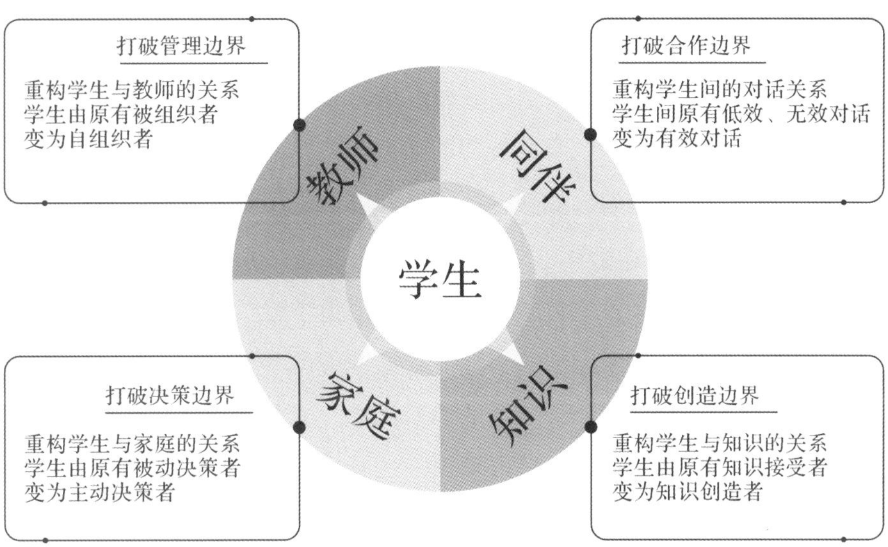

图 1-1-1　无边界学习理念下的育人机制重构模型

所不仅仅限于校园，还可以是街道、社区、博物馆、科技馆，甚至企业等，只要是可以提供学习资源并帮助学生实现高质量学习的地方都可以是学生的学习场所。二是建设实践学习的共同体。强调并鼓励学生动手实践，共建共享各类创新协作实践基地，引导学生运用知识去解决现实问题，这远比仅仅通过书本获取知识更为有效，因为学生锻炼的是真正的本领。三是在技术层面增强泛在学习，利用人工智能、虚拟现实等技术，引导学生观察微观世界，感知较为抽象的概念，增强学习的体验性与真实性。

人的深度学习。英国哲学家、数学家怀特海在《教育的目的》中谈及学科学习，他认为“对思想的逻辑的欣赏，是有教养的心理的一种表现，这是在经专门学习之后才可能具备的一种能力。这种能力是一种洞察力，既有全局观，又能通盘认识，还能看到一组思想与另一组思想之间的联系”。对于学科知识的学习，的确需要训练，在学习过程中逐渐形成高阶思维，这样的学习才是高质量的。在数智化背景下，学生学习不能停留在表面理解与重复记忆上，而是要建立原有知识与新知识的联系，不仅要获得更深层次的理解，更要建立一套自己的思维框架，并学会迁移，举一反三。引导学生在学习过程中获得深层次的认知体验，引导学生产生高级思维活动，这是学生进行深度学习的核心所在。深度学习更注重批判理解，强调信息整合，促进知识建构，关注迁移运用，面向问题解决，提倡终身学习。深度学习有助于高阶思维的培养，是一种能够促进学生身心发展的学习方式，是一种有意义的学习，一种主动的学习。深度学习大致包含以下环节：一是还原情境，引导学生弄清知识从哪里来，这是深度学习的起点；二是开展基于实践的学习活动，以任务驱动，解决实际问题；三是学生通过不同视角学习，借助工具，在对话与互动中建构知识；四是提供展示成果的机会，鼓励学生表达，引导学生反思，实现深度理解；五是建构更为立体的评价标准，强调学生的参与度、主动性及创造力，让每个学生有所提升。

跨学科学习。对于青少年来说，学习不仅要习得知识，更要参与并体验学习过程。亲自参与生活实践获得经验，是未来学习方式的重要形态。未来的学习更侧重知识整合，强调认识事物的整体。传统的学习是通过分科学习实现的，对于学生完整知识体系的构建、综合思维能力的养成来说是有局限性的。但是在现实生活中，学生遇到的实际问题往往涉及多个领域的知识，这就要求学生具备综合应用的能力。近年来，在技术支持下兴起的项目学习、STEAM 教育（见图 1-1-2）、创客教育等，都关注学习体验，关注学科融合，强调培养学生的创新能力和实践能力。跨学科的学习绝不是学科教育的简单叠加，而是提倡基于生活中的问题设置学习主题，围绕主题将每个学科的知识进行整合，构建相互贯通衔接的课程体系。由此，学生就有机会运用多个学科的知识解决问题，在实践中形成自己的知识体系，从而实现知识的活化并向现实生活有效迁移。

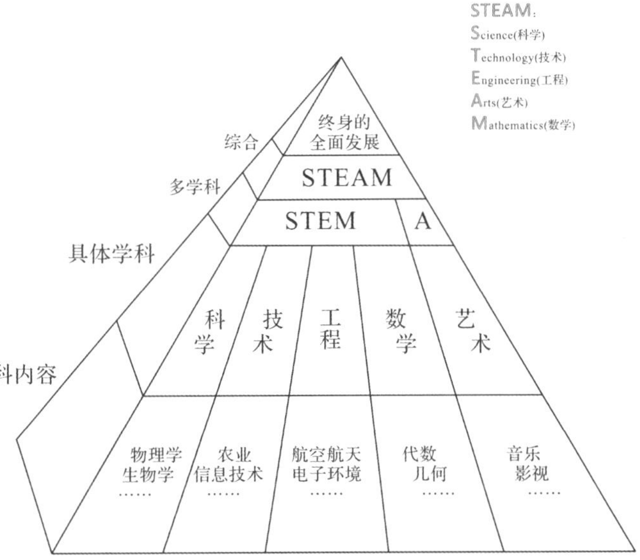

图 1-1-2 STEAM 跨学科学习示意图

二、面向未来需要怎样的能力

现行的教育体系是工业社会的产物，尽管没有考虑到个性化发展的需要，但的确为人类社会从农业时代步入工业时代培养了必需的人才。然而，进入信息时代后，这种工业化的教育体系已经无法满足未来社会对于人才的新需求。2016 年 3 月，世界经济论坛发布了一份题为《教育的新愿景：通过技术培育社会和情感学习》的研究报告，倡导把人的社会性和情感教育置于应对新工业革命的高度。教育变革的时代已经到来，当我们放眼世界、着眼未来时，应当思考如何让孩子站在教育的正中央，如何通过技术促进学习环境、学习方式的改变，最大限度地满足孩子成长的需要。正如怀特海在《教育的目的》中所说：“学生是有血有肉的人，教育的目的是激发和引导他们的自我发展之路。”只有把“人”置于教育的最高点上，发掘人的潜能，唤醒人的价值，启发人的智慧，才能从容地迎接数智时代的挑战。

1. 创造能力

面对互联网时代的先进技术，越来越多的人认识到创造力是未来世界人所需要具备的基本特质。美国“创造力之父”埃利斯·保罗·托伦斯开发了“创造性思维托伦斯测验”，通过流畅性、灵活性、原创性、精确性这四个维度来评价被测试者的发散性思维和解决问题的能力（即“创商”）。20 世纪 50 年代，托伦斯运用此测试方法组织了一次大规模的儿童创造力测试，此后几十年，托伦斯一直持续追踪这些被测试者。依据此方法进行的多次实践研究的结果表明，20 世纪 90 年代以后呈现出被测试者的创商持续下降与衰退的现象。很多学者对该现象作过分析，认为 20 世纪 90 年代以来，无论是成人还是孩子，都过多地将时间花在电子产品上，而减少了在大自然中的实践活动。更有学者将其归因于教育对于标准和考试过于重视，让学生将大量的时间与精力花在应试与作业上，忽视了学生创造力的培养。况且创造力的培养远比应试要困难得多。当然也有类似芬兰这样的国家，敏锐地发现了问题，重新思考和定位数智时代的新问题，将教育的重心锁定在创造力的培养上，同时兼顾学科的教育。特别是在互联网时代，孩子的视野被无限地扩大，为其创造力的培养与发展奠定了良好的基础。有创意、能创新，是人脑的优势。当人工智能技术把程序化、标准化的重复性的事情包揽之后，人的创造力越发彰显出其不可替代性。2021 年 9 月，习近平总书记在中央人才工作会议上强调，“深入实施新时代人才强国战略，全方位培养、引进、用好人才，加快建设世界重要人才中心和创新高地，为 2035 年基本实现社会主义现代化提供人才支撑，为 2050 年全面建成社会主义现代化强国打好人才基础”。在这个特殊的历史时期，对人才培养提出了明确的方向。在扎实打好学科基础的同时，如何加强孩子创造能力的培养，是每个教育工作者面临的新的挑战。

2. 学习能力

技术的发展速度太快，正如当今的新领域、新行业与新技能，在 20 年前甚至 10 年前都是无法想象的。现代社会，人想要通过某一段教育经历就完成知识与技能的积累，是不可能的。因此，每个人都需要可持续地学习。就像尤瓦尔・赫拉利在《人类简史》里所说的：“今天的孩子中学或者大学学到的大多数东西，等到四五十岁的时候都会变得无足轻重。如果他们还希望继续保住工作，那就得不断地改造自己，而且频率越来越快才行。”教育工作者面临着一个难题，教育对象出生、成长在一个信息时代，他们通过各种技术与媒介感知着这个世界的人与事，这种特殊的生活体验刺激着他们的脑神经。有科学家的研究表明，大脑远比我们想象的更具可塑性，环境的刺激、不同的经历以及情绪的变化不断影响着它。

本书鼓励的学习，是一种互联网环境中的泛在化学习。从线上到线下，从校内到校外，从知识习得到实践体验，最终达成知行合一。当然，无论技术怎样发展，方式如何变化，最重要的是人的发展，而思维品质和思维方式的培养，又是其中最核心的问题。

3. 沟通能力

人具有社交的需求，人与人通过沟通缔结关系，满足情感的需要。《重新定义学习：数字化一代的学习策略和应用程序》一书对数字化一代的九大学习特性作了阐述，其中一条是，倾向于同时与多人进行协作和沟通。数智时代的学习工具与平台日益多元化，除了进行独立的个性化的学习，还可以与伙伴协同学习。在虚拟团队与现实团队中进行沟通与合作，也渐渐成为一种新的学习方式。良好而有效的沟通，能令人心情愉悦。同理心是建立良好沟通关系的基础，但是仅靠科学技术无法实现这种较为复杂的沟通。科技越发展，良好沟通越重要。

三、回归育人本质，我们应该做什么

近年来，越来越多的互联网企业将目光投向教育领域，试图通过新技术与教育的融合，推动新的教育变革。然而，新的环境、新的技术是否能够催生新一轮的教育改革，除了技术因素，还有很多教育本身的深层次问题需要思考和破解。新技术应用于教育领域，带来了教育理念转变、学习方式变化、学习效率提高等方面的一系列可能性，但毋庸置疑的是，也带来了风险。比如随之而来的生活方式问题、心理问题等，尤其是传统价值观的淡化、伦理道德问题的引发，日渐成为全社会关注的焦点。但我们仍应牢记，无论技术如何变化，社会如何发展，教育的本质是不变的。教育，就是教人追求幸福，创造幸福。幸福来自健康的、可持续的发展，幸福来自自我价值的实现。

1. 立德树人是教育的根本

数字化革命给这个世界带来的巨变势不可挡，先进的技术手段是把双刃剑，在提高效率、提供便利的同时，也暗藏隐患，特别是对于学生价值观、道德观的影响。教育领域面临的挑战不言而喻，尤其是道德困境，已经成为世界上很多国家在发展过程中遇到的共性问题。未成年人的世界观、人生观、价值观更多地受家庭教育与学校教育的影响，毫无情感的智能技术无法给予道德观念有效引导，那么，在瞬息万变的社会，如何回归教育的初心，坚守教育的责任？

2012年，党的十八大报告中首次提出“把立德树人作为教育的根本任务”。

2017 年，党的十九大报告中再次提到：“要全面贯彻党的教育方针，落实立德树人根本任务，发展素质教育，推进教育公平，培养德智体美全面发展的社会主义建设者和接班人。”2022 年，习近平总书记在党的二十大报告中进一步明确了：“教育是国之大计、党之大计。培养什么人、怎样培养人、为谁培养人是教育的根本问题。育人的根本在于立德。全面贯彻党的教育方针，落实立德树人根本任务，培养德智体美劳全面发展的社会主义建设者和接班人。”“立德树人”，把教育的宗旨定格在人的发展，这就超越了分数，超越了知识，甚至超越了能力。这样的价值取向既立足于中华民族优秀传统文化，也是面向全球的开放理念。我们正在以具有中国特色的育人模式，凸显道德的价值，向世界展示中国的风范与魅力。

“国无德不兴，人无德不立。”纵观中国历史，道德是中华民族优秀传统文化的底色。不仅如此，道德更是全人类的追求。德国教育家赫尔巴特说：“道德普遍地被认为是人类的最高目的，因此也是教育的最高目的。”教育领域的改革，如果不以德为先，势必就会把中华民族优秀传统文化的“根基”丢弃。可以说，道德教育是一切教育的根本。

2. 核心素养彰显育人价值

终身学习的理念不断深入人心，提升国民核心素养已经成为世界各国教育改革的重要主题。钟启泉在《核心素养十讲》中提出：“众多国家把强调‘国民核心素养’的课程发展视为国民教育发展的基因，而学力模型的研究就在于寻求国民教育基因改造的关键 DNA。”国内外学者对于核心素养的界定是有共识的，首先强调“所有的人”的发展，人人都有发展的可能，人人都有受教育的权利。其次，也强调“整体的人”的发展，我国教育方针中的“德智体美劳全面发展”很好地回应了这一点。2014 年，《教育部关于全面深化课程改革落实立德树人根本任务的意见》对“核心素养体系”做了具体的阐释：“明确学生应具备的适应终身发展和社会发展需要的必备品格和关键能力，突出强调个人修养、社会关爱、家国情怀，更加注重自主发展、合作参与、创新实践。”2022年3月，教育部印发了《义务教育课程方案和课程标准（2022年版）》，指导思想中进一步明确：“聚焦中国学生发展核心素养，培养学生适应未来发展的正确价值观、必备品格和关键能力，引导学生明确人生发展方向，成长为德智体美劳全面发展的社会主义建设者和接班人。”新课程方案中最鲜明的导向，是培育学生核心素养，落实“立德树人”的根本任务。人格的健全发展和学力的持续发展，指向了新时代的课程理念。这样的价值诉求，需要刷新传统教育中的理念与方法，从“知识本位”走向“能力本位”“素养本位”。

3. 公平优质是教育的追求

教育公平是社会公平的重要基础。推动教育公平也是一个历史发展过程，公平与发展密切相关，公平问题既在发展过程中产生，又必须依靠发展来解决。加快教育发展、不断提高教育水平，是促进教育公平最强大的动力和最根本的保证。近年来，无论是政府工作报告，还是相继出台的有关教育的系列政策文件，“公平”与“质量”都已经成为高频词，受到关注。“让每个孩子都能享有公平而有质量的教育”，既是广大人民群众对美好教育的诉求，也是数智时代理想教育的愿景。数字化技术的应用场景越来越广，受教育者可以通过各种媒介，接收海量的信息，公平地享受资源、公平地获得机会。在公平均衡基础上高质量发展的教育，才是人民群众真正满意的教育。

教育数字化发展势不可挡。使之成为发展素质教育、促进教育公平的助推器，不仅是深化教育改革的要求，更应该成为每个教育工作者的实践追求。

第二节
上城教育循着时代前行

⊙

浙江省杭州市上城区在推进教育教学改革的同时，注重加强青少年校外教育活动场所的建设，积极开展区域性的青少年活动，形成了“政府主导、教育主管、多方协同”的校外教育组织保障体系。上城区针对校外教育提出了“公益为先、孩子为本、活动育人”的理念，设计并组织开展了德育、科技、艺术、体育、国防、劳动教育系列主题活动，着力构建“选择性的学习空间，平等性的交流空间，开放性的服务空间，共享性的运动空间，多样化的活动空间”，在加强青少年思想道德建设、提升综合素质等方面发挥了积极的作用。

一、区域团队活动蓬勃发展

中华人民共和国成立以来，上城区一直坚持开展以少先队为主体的校外活动，紧紧抓住“基础”与“创新”两个基点，秉持快乐体验的理念，夯实少先队阵地建设，创新上城少先队文化。进入 21 世纪，上城区将新课程理念与少先队品牌活动有机整合，构建基础章、兴趣章、校本特色章、技能章四大板块的区域性争章体系，整合拓展校外资源，引导少先队员快乐学习、快乐活动。并建立了学校少先队、社区少工委、区级少工委三级考评机制，且在2006年承办的全国雏鹰争章活动现场会开展交流汇报，得到了全国各地同行的高度评价。上城区在实践中提炼，在传承中创新，不断开发并设计孩子们喜闻乐见的项目，让孩子们感受到少先队组织的温暖，让孩子们在少先队组织的怀抱里健康成长。近年来，上城区持续推进少先队改革工作，深化“红领巾学院”品牌建设，围绕杭州市规划课题“‘尚承’红领巾：区域立德树人的路径创新研究”，探索具有上城特色的“尚承”红领巾品牌活动新样式，在实践中取得了比较大的成效。

在夯实少先队基础的同时，上城区积极探索实践育人的新路径，坚持“活动育人”，塑造具有上城辨识度的少先队文化。组建于2004年的“伙伴快乐成长营”作为公益性活动组织，坚持“伙伴交流、快乐成长”的理念，充分利用双休日、寒暑假、春秋假等闲暇时段，面向区域内学生，辐射周边城区，开展校外教育实践活动。围绕《伙伴快乐成长营章程》，相继设计并开展了社团活动、俱乐部活动、雏鹰假日活动3大类32个小项的活动。尤其是“环湖徒步”“浙大体验”“好梦一日圆”“爱心漂流一日营”等公益活动，颇受孩子青睐。在此基础上，又推出了“玩转周末”等活动。这些活动逐渐成为广大少先队员课余生活中不可或缺的集休闲、益智、实践于一体的活动项目。多年以来，上城区逐步构建了具有上城特色的少先队组织体系，带领少先队员广泛参与校外实践活动，不断提升少先队思想文化宣传工作的影响力，增强少先队员的光荣感。

2021年，《中共中央关于全面加强新时代少先队工作的意见》印发，文件明确指出，全面加强新时代少先队工作，强化对少年儿童的政治启蒙和价值观塑造，引导少年儿童时刻准备着为共产主义事业而奋斗，对于全面建设社会主义现代化国家、实现中华民族伟大复兴的中国梦，对于确保党和人民事业薪火相传、后继有人，对于红色基因代代相传，具有重大而深远的意义。创新少先队工作，上城区一直在路上。

二、课程改革中的实践育人

为全面推进素质教育，上城区多渠道、多形式地建设各类教育基地，深入开展实践活动，致力于教育资源的整合与共享，取得了很好的成效。一是积极探索科技、艺术、体育基地学校的办学模式，利用学校资源建立了一批基地学校；二是通过学军、学农、学生存等主题活动建设校外基地，扩建了区青少年图书馆，新建了区少年军校总校、生存教育基地等；三是结合综合实践课程的开发，与博物馆、科技馆、科研院所、企业等共建共享教育资源，通过合作的形式不断拓宽校外教育活动的平台。

上城坚持立德树人，坚持活动育人。从 20 世纪 90 年代开始，上城区开始探索以“三学”为主题的区域性教育实践，整体规划，面向全体，人人参与。每个孩子从四年级起参加为期一周的实践活动，四年级学生存，五年级学军，六年级学农。活动持续至今二十余载，积累形成了丰富的实践案例，“三学”活动课程已经成为上城的德育品牌之一。

上城区的少年军校活动始于 1985 年，1991 年出台的《上城区关于组建区少年军校的实施方案》明确提出了“强化学生的思想品德教育，培养强烈的国防意识和严格的组织纪律，锻炼顽强、勇敢、坚韧不拔的毅力和与困难作斗争的勇气”，并在区内设少年军校分校，面向全区开展青少年国防教育与军事训练。1992 年，上城区少年军校总校荣获“全国先进少年军校”称号，链接 1-2-1 展示的即为上城区少年军校总校的宣传片。1999 年建设军校总校军营基地，同时分校达 21 所，涉及海陆空十余个军（警）兵种，相继被评为“浙江省国防教育实践基地”“全国示范性少年军校”。军校采用全封闭军事化管理，开发系列特色课程，组织丰富的实践活动，常年面向五年级学生开展国防教育，链接 1-2-2 展示的即为上城区少年军校使用的《国防教育手册》。2015 年，上城区少年军校摘得“杭州市年度十大德育金名片”荣誉称号。

链接 1-2-1
杭州市上城区少年军校总校宣传片

链接 1-2-2
上城区少年军校《国防教育手册》

2008 年，杭州市委、市政府出台《杭州市青少年学生“第二课堂”行动计划》。上城区随即推出了“快乐成长工程”，依托杭州市大环境，在开发区域特色的基础上，通过完善活动场馆设施、问卷调查了解需求、设计特色课程方案等举措组织全区青少年开展第二课堂实践活动。基于上城区的地理人文特色，制定了《走进第二课堂快乐共成长——上城区第二课堂活动指南》，手册分小学 1—3 年级、小学 4—6 年级、中学 7—9 年级共三个学段。根据学生年龄特点，设计了不同学段的主题活动，第一学段有“小营巷——寻访伟人足迹”“江南药王——胡庆余堂”等；第二学段有“城市当中有块田”“千年胜迹雷峰塔”等；第三学段有“神奇的科学殿堂，灿烂的医药文化——胡庆余堂”“丝绸文化体验之旅”“活力历博，精彩无限”等。每个学期安排 2 次实践活动，活动内容有效衔接，学生可以根据实际需求有选择性地参加，做到“有主题、有层次、有选择、有组织”。另外，上城区青少年活动中心也被列为杭州市青少年学生第二课堂活动场馆。

三、推进研学旅行工作

链接 1-2-3
《上城区研学实践手册》

2018 年开始，上城区作为浙江省整体推进中小学生研学旅行工作杭州市唯一试点区，设计了 4 大主题 130 余条研学旅行路线，通过主题菜单、路线导航、沿途基地、精彩项目和成果展示方案五大模块呈现；有效统筹德育基地资源，充分发挥“1+1＞2”的效应，通过 130 余条研学旅行路线，把 26 个学校共享基地、36 个馆校共建基地、28 个社会共建基地串点成线，初步形成互联互通的研学网图，真正实现研学旅行区域全覆盖；汇编《上城区研学实践手册》（见链接 1-2-3），开展“15 分钟研学步行圈”方案及手绘地图作品征集活动。2020 年疫情防控期间，家庭教育指导迅速响应，研发“防新型冠状病毒”系列星级家长执照课程近 30 节，后续共推出 6 期 126 节特色课程，为上城区家长提供居家防控的全面指导，得到家长的好评和社会各界的赞誉。上城区的研学旅行，整合校内外德育资源，把理想信念、爱国主义精神、中华传统文化等元素融入“寻根”“铸魂”“追梦”“立志”“探索”的主题之中，引导学生“在行中学”，落实“立德树人”的根本任务。将社会主义核心价值观根植于每个孩子的内心深处，让其成为孩子的“成长芯片”，打造“研学旅行”的上城品牌。中国教育在线、《钱江晚报》等媒体均进行了报道。

2019 年，上城区教育局等 8 部门联合印发了《关于推进中小学生研学旅行工作的实施意见》（上教〔2019〕89 号），研学旅行工作得到了强有力的推动。同年，区教育局对校长执行力考核的“全面育人”指标中的“学校德育”相关条目进行了调整，把深入推进研学旅行作为重要内容增加到考核内容中，推动学校把研学旅行工作落到实处。引导各校成立研学旅行工作指导小组，设立课程项目组，构建课程体系，充分激发学校在研学旅行工作推进过程中的实践智慧。教育行政部门专门设立了研学旅行工作经费，用于区域研学旅行课程的开发、研学旅行研讨会的召开、研学旅行队伍的培训、研学电子平台的建设和维护等。通过区域统筹，研学旅行工作在区域内各校得到均衡推进。同时，杭州上城区教育发展基金会在年度资助项目中专门为区域内中小学生研学旅行活动的推进而设置的“雏菊”资助项目，激发了相关单位研发研学旅行活动项目的积极性，有效加速了研学旅行活动的持续推进。

四、数智赋能，“淘活动”平台应运而生

上城区的中小学生研学旅行，立足区域课程改革实践，倡导“走馆、走校、走社会”，组织开展的实践活动受到了广大师生与家长的欢迎。随着教育数智化的推进，尤其是“双减”政策的实施，校外实践活动的育人价值备受关注。与此同时，活动项目在质量与数量上明显“供不应求”。针对目前校外活动项目学多玩少、供需匹配度不高的状况，上城区教育行政部门建设了“淘活动”平台。这是一个公益性活动资源平台，平台对研学信息进行智能化管理，为学生建立活动电子档案，支持学生在活动中进行选择、接受指导和发布评价，

拓展研学的云时空。

支持选择。以地图、视音频等形式呈现基地、路线的动态信息。学生用学籍号登录，通过项目搜索就可以多元选报研学项目。一键搜索线上报名，领取免费发放的“淘活动”电子券，参加线下公益活动，实现研学旅行报名“一次都不用跑”。提供“一站服务”，平台兼有报名、签到、提醒、反馈的功能，家长可以通过手机接收平台发送的活动提醒和孩子的实时定位。

支持指导。平台可以展示师生们以地图、文字、录音、录像等形式呈现的研学成果。用户通过关联对应功能，输入“历史博物馆”“坐地铁”“餐桌礼仪”“调查采访小妙招”等关键词，就可以收到视频链接，接受相应指导。

支持评价。实时“争章”开展过程性评价。指导老师依次点击“项目选择”“实践争章”“自动记录”完成流程，平台会以“成长在线”的形式记录孩子的足迹，形成“研学旅行”电子档案。通过线上线下相结合的方式，给学生提供争章、考章的条件。平台以模块的形式呈现研学成果，为学生综合素质提供生动丰富的过程化评价。同时，学生可以在平台上和同伴、家长进行互动评价，分享成果。

“淘活动”平台自 2017 年 9 月上线 1.0 版本以来，始终保持较高的热度。在教育行政部门的指导支持下，在家长和孩子们的无限期待中，“淘活动”平台的建设正朝着智能化、个性化的方向迈进。

参考文献

[1] 胡乐乐. 论“互联网 +”给我国教育带来的机遇与挑战[J]. 现代教育技术，2015，25（12）：26-32.

[2] 尚俊杰，曹培杰.“互联网 +”与高等教育变革：我国高等教育信息化发展战略初探[J]. 北京大学教育评论，2017，15（1）：173-182.

[3] 张浩，吴秀娟，王静. 深度学习的目标与评价体系构建[J]. 中国电化教育，2014（7）：51-55.

[4] 郭新文. 交互式电子学档支持深度学习研究：以小学信息技术教学为例[D]. 温州：温州大学，2012.

[5] HERRINGTON J，OLIVER R.An instructional design framework for authentic learning environments [J]. Educational Technology Research and Development，2000，48 (3)：23–48.

[6] 曹培杰. 反思与重建：创客教育的实践路径 [J]. 教育研究，2017，38 (10)：93–99.

[7] 成尚荣. 最高目的 [M]. 上海：华东师范大学出版社，2017.

[8] 钟启泉. 读懂课堂 [M]. 上海：华东师范大学出版社，2015.

[9] 袁振国. 教育公平的中国之路 [N]. 中国教育报，2019–09–20 (1).

[10] 钟启泉. 核心素养十讲 [M]. 福州：福建教育出版社，2018.

[11] 朱旭东. 公平与质量奏响新时代教育现代化主旋律 [N]. 中国教育报，2022–03–17 (6).

[12] 安东尼·塞尔登，奥拉迪梅吉·阿比多耶. 第四次教育革命 人工智能如何改变教育 [M]. 北京：机械工业出版社，2019.

[13] 郭华. 以新课程精神持续深化教学改革 [N]. 中国教育报，2022–06–22 (5).

第二章

“淘活动”是什么

2021 年 11 月，上城区教育局围绕数字化改革“V”字模型架构设计，建设“淘活动”平台 2.0 版。2022 年 4 月，“淘活动”平台 2.0 版升级完成，并成功试运营。升级后的平台入驻场馆覆盖全区 14 个街道，录入 60000 余名学生的信息，数量较 1.0 版本增长近 300%。这是浙江省第一个也是当前最大的一个校外活动资源集成平台，它的推出解决了“双减”背景下校外教育的服务供给问题，创建了多维互动数据共享机制，创新了可视化、立体式综合评价体系，实现了评价一体化，保障了上城区中小学生校外教育实践活动智能且高效地运行，实现了育人方式的创新，为上城教育实现数智治理画上了亮丽的一笔，有效助推了上城教育优质、均衡发展。

第一节
数智时代活动育人的区域架构

⊙

早在 2017 年，上城区就推出了“淘活动”平台 1.0 版。只要登录平台，2000 多门课程可以任意挑选。线上报名，线下活动。去胡庆余堂做一天“药剂师”，在老巷子里捏糖人儿，到运河边监测水质……多年来，“淘活动”参与人次超过 7 万，所有课程周周爆满。“淘活动”一词也已深入上城区的学生、家长、老师的心。它的推出丰富了区域内中小学校外素质教育的服务供给，打造了学生校外成长圈，撬动了学生课余成长体系的变化。

一、“淘活动”的育人价值导向

“淘活动”是由上城区教育局组织研发的浙江省首个公益性质的青少年研学“数智化”平台。它广泛吸纳“第二课堂”场馆和公益性团体（机构），打通、连接、挖掘校内外可利用资源，着力打造实践育人新空间。平台对接学籍管理系统，集活动发布、自助报名、评价互动于一体，通过线上报名，线下活动，让上城“伢儿们”真正实现了“走校、走馆、走社会”。

1. 区域架构“淘活动”的宗旨

一直以来，“淘活动”本着“公益为先、孩子为本、活动育人”的理念，直面学生的发展，以“淘”为核心，开发学生潜能，激发学生兴趣，成就学生梦想，让学生在实践活动中增长见识、体验快乐、学会交往、学会创新、提升能力。

首先是开发学生潜能。有资料表明，人们可以通过学习和实践活动运用科学的手段将隐性的潜能开发出来。对学生来讲，就是将学生个体的学习潜能激活、发动起来，使之转化成显性的智慧。当然，这种转化是有条件的，那就是积极参与学习和实践活动。区域推进“淘活动”的根本任务就是组织开展各个系列主题的校外教育实践活动，为学生开辟生动活泼的学习空间，让学生走出校园，走进自然，走入社会，通过互动式、探究式的学习和社会实践活动，用问题化、情境化的项目化学习方式，真正让学生在参与校外教育实践活动中，亲身体验，亲自去看、去听、去感受、去思考、去动手实践。让学生在活动中增强交往能力，拓宽知识面，提高社会适应能力；让学生在参与社会考察的过程中消除与人交往的畏难情绪，克服心理障碍，变得大胆、自信，提升与人交往的能力；给予学生动手操作的创造空间，充分调动学生的记忆、想象、情感等，使学生自由自在地进行创意活动，在创造中获得乐趣，深刻领悟创造之美，把创新变成实践活动的追求；激发学生的主动思维，提高学生解决问题的能力；给学生学习技能和展示自我的平台，最大限度发现每个学生身上的创造性劳动的源泉，帮助每个学生打开眼界看清自己，促进学生个性潜能的发展。

案例 2-1-1　生存教育活动

2021 年 3 月 15 日，杭州市上城区青少年活动中心第一期生存教育活动顺利启动了。

在为期一周的生存教育活动中，基地精心为学生安排了游泳技能训练和理论知识学习。瞧，在专业教练的耐心指导下，孩子们都成了一条条"小蛟龙"！泳池里，孩子们先是一顺儿排开练习仰漂，再是分组跟随教练学习仰泳，一遍又一遍，乐此不疲。从泳池中上来，大家又化身"小小消防员"，有模有样地学习使用灭火器。在老师的指导下，他们还兴致勃勃地进行了消防绳结的练习。紧接着，是心肺复苏术的学习，在老师的详细讲解和亲自示范下，孩子们纷纷在人体模型前进行实战模拟……一项接着一项，真是丰富多彩！有孩子在日记中说：虽然只是短短一周的学习体验，但"学会生存，珍爱生命"这颗种子已悄悄在我的心里生根发芽了。

（杭州市上城区青少年活动中心）

正如案例 2-1-1 所展示的，上城学子通过"淘活动"平台参加生存教育活动，从而熟练运用生存技巧，勇敢迎接生活挑战，实现了在生存和生活上的各种潜力的有效开发。通过一周时间"知行合一"的生存训练实践活动，孩子们不仅掌握了必备的生存技能和自我保护能力，培养了团队协作的精神、遵守规则的意识、快乐共享的情感、积极向上的人格、百折不挠的意志，也会更加懂得珍爱生命、敬畏自然，在日常生活中能少一分危险、多一种可能，少一些伤害、多一分成长。

其次是激发学生兴趣。爱因斯坦曾说："兴趣是最好的老师。"有了浓厚的兴趣，学生才会产生强烈的求知欲望，才会主动学习和探究。"淘活动"的系列主题校外教育实践活动，内容丰富、范围广泛，贴近学生实际生活，为学生创设了基于真实世界的学习场景，让学生回归到真实、自然的现实环境中，用眼睛去观察，用心灵去感受，用头脑去思考，用言语去表达，以研究的视角在真实世界中去探究发现，获得最真实、自然的生长。在校外教育实践活动中，学生所面对的社会环境就是他们学习的"大课堂"，所遭遇的各种事件就是他们学习的"活教材"。身处这样的"大课堂"，阅读这样的"活教材”，学生的学习是生动而宽泛的，往往是以无形多于有形、融合多于单一的方式展开。这种学习往往发生在实践活动点点滴滴的细节之中，有些在活动预设的目标中，有些则由偶遇的真实情境所引发。这种以社会与生活为对象的学习更凸显学习的生成性和开放性，符合学生的需要、兴趣和特长，对学生获得综合素养的全面提升以及个性化发展也更有实际意义。

案例 2-1-2 “创客梦工厂”活动体会

“你们知道什么叫创客吗？”“创客空间是什么？”周末，我们小队走进了浙江师范大学附属杭州笕桥实验中学的“创客梦工厂”，体验青少年的科技 + 创新 + 动手制作的“创客”教育模式，了解了关于创客的基础知识。

我们在创客教室聆听王老师采用幻灯片的形式讲解“创客”一词的来源，明白了创客就是把心中的创意、点子变成现实的一群人。简单来说，创客就是一群玩创新的人。

随后，我们在创客老师的耐心指导下，打开“好好搭搭”网站，登录、操作，动手设计动漫游戏。电脑编程激发了我的极大兴趣。接下来，我们用手机程序遥控机器人踢足球。机器人在我们的操控下，时而动作笨拙，时而夸张灵活地抢球、踢球……我们还学习了手工制作，在创客老师的示范下，才发现自己原来这么心灵手巧！我用彩泥制作出了丑小鸭、西红柿、小青蛇……同学们随意发挥着想象，才发现把心中的创意变成现实的感觉原来这么奇妙！

两个小时的课程很快就结束了。创客空间的老师们让我们把自己的手工作品带回家送给爸爸妈妈，鼓励我们好好学习，长大也可以做一名创客，把心中的点子变成现实，我好期待啊！

（浙江师范大学附属杭州笕桥实验中学）

案例 2-1-2 呈现的是学生参加“创客梦工厂”活动后的体会，可以看出，人工智能给学生带来有意义的科技项目和动手实践的机会，让学生能真正体验到人工智能技术改变生活方式带来的乐趣。学生通过亲自编写生产环境下的程序代码，极大地提高了对程序的理解和编写能力。在活动过程中，学生根据自己的生活经验，合作探究、功能设计、编写程序等，解决生活中的问题，为需求而设计制作，体会到成就感的同时他们也有了继续深入探究的动力，有效激发了他们的科创兴趣。

最后是成就学生梦想。正如教育家陶行知先生所说，“生活即教育”。教育起源于生活，生活是教育的中心。教育要培养能适应社会生活的人，这也是教育的根本目的。“淘活动”开展的系列主题校外教育实践活动基于学生的直接经验，贴近学生的个人生活与社会生活，给学生一个开放的空间，让他们自己去发现兴趣，并动手实践和探索。在开放的空间中增强学生对自然、对社会、对自我的认知和体验，促进学生各项潜能的发展。它以现实的生活实践、社会实践和科学实践等为课程资源，以符合学生实际的实践主题为活动中心和基本线索，以自主选择、亲身体验、小组合作为基本活动方式，以个性养成和人格完善为主要任务。在实践活动中，注重引导学生开展基于实践主题的互动式、探究性活动，社会参与的体验性活动，通过调查、走访、动手实践等多样化的活动方式，促进学生之间的沟通、交流；有意识地引领学生体验实践活动过程，培养学生形成对自然、社会、自我的客观认知。教会学生热爱自然，关心生存环境；提高学生的社会责任感，提高他们的实践操作能力、创新精神，帮助他们养成合作、分享、积极进取的良好行为习惯。学生参与实践活动的过程是学生面向自然、面向社会、自我体验，发展核心素养，提升综合能力的过程。

案例 2-1-3 “我是小工匠，职业初体验”活动

部分学生在老师的引导下，根据要求，用丙烯颜料在松木杯垫上绘

出丰富的色彩，完成杯垫绘制。另一部分学生领取马赛克瓷砖材料，老师讲解马赛克的材质及由来，让学生初步设计及绘制图案，接下来就由学生自己动手啦！把不同颜色和形状各样的马赛克，用手工粘贴的方式将自己设计的图案贴成型，最终，一个实用且美观的多功能收纳盒完成啦。

（杭州市江城中学）

案例 2-1-3 呈现的是江城中学开展的“我是小工匠，职业初体验”活动场景，旨在让学生在动手创作工艺品的过程中，初步模拟体验工匠的工作情景，体会工匠精神的内涵，既有“职业性”，又有“体验性”，更有“趣味性”，增强了与同伴、与社会、与未来的联系，帮助学生在自我觉察、发现自己的过程中开阔视野，感受生活的多彩和有趣，为自己未来的职业选择做足积极的准备。通过职业体验活动，越来越多的学生在与伙伴一起活动的过程中，能面向社会，获得对职业的真切理解，发现自己的专长、兴趣和能力，形成正确的人生志向，全面提升个人的综合能力。

可以说，“淘活动”充分遵循了学生的发展规律，为每一个学生个性的充分发展创造了条件，为他们实现梦想提供了可能。

2. 区域架构“淘活动”的原则

“淘活动”是一种有组织、有目的的教育活动，其开展又不同于一般的学校中的教育活动，需要遵循一些基本原则。

原则一是注重综合载体构建，落实“五育融合”。“淘活动”课程目标的实现必须借助一定的载体，这个载体就是各类公益机构、场馆、基地、学校、社区等。根据每一次活动的根本任务和目的，以及“五育融合”的育人理念，开展“淘活动”一方面要因地制宜，充分挖掘区域特色，结合上城区区域实际情况，以各类公益机构、场馆、基地、学校、社区等为重要依托，建设一批安全的、适宜中小学生校外教育实践的活动场所。优美的自然风光和丰富的历史文化遗产、红色教育资源，博物馆、科技馆、综合实践基地等场所，人文类、自然类、历史类、科技类、体验类等内容，都可作为让学生开阔眼界、增长知识、了解国情的载体。另一方面要加强各机构、各基地营地和各部门的互联互通，形成“淘活动”的运营体系。要积极推动区域合作和资源共享，打造一批具有一定影响力和示范性的场馆、基地，逐步形成互联互通的“淘活动”网络，积极开展关于“淘活动”的研究，依托数字技术，创新可视化立体式综合评价体系，创建多维互动式数据共享机制，使“淘活动”形成一套完整的系统，把区域推进“五育融合”工作落到实处。

原则二是遵循“双减”政策精神，彰显上城特色。“双减”政策旨在通过加强学校教育，提高学校课堂教学质量，优化作业布置，减轻学生的课余负担，提升课后活动质量，把闲暇的时间还给学生，提升学生的综合素养，构建教育良好生态。因此，区域推进“淘活动”应严格遵循“双减”政策精神，并充分体现“公益为先、孩子为本、活动育人”理念，以“淘活动”平台为依托，整合“第二课堂”等公益性场馆，构建多部门协同机制，为区域学生提供公益性资源，组织普惠性活动，解决“双减”后学生课后“去哪儿玩”“玩什么”的问题，最大限度地满足更多家长和学生对校外教育实践活动的需求。同时，“淘活动”的课程开发设计基于区域实情，符合区域学生课后活动的内容范围、时空特点，满足不同层次学生的不同需求，充分彰显上城品牌特色。如：以学生生活的家和社区为主要活动空间，开发设计“@家园社区‘淘活动’”，为“幸福家庭日”亲子活动提供支持；以区内各校的“每校一特色”资源为基础，开发“@学校场馆‘淘活动’”课程，满足不同个性、特长学生的活动需求；基于区域内外丰富的自然资源、历史文化遗产、红色教育资源等开发“@社会机构‘淘活动’”，引领学生走进大自然、走入大社会，打造更大范围的学生校外成长圈。

原则三是建立有效保障机制，重视安全规范。安全无小事，区域推进“淘活动”应始终坚持安全第一，积极制订科学有效的“淘活动”安全保障方案，建立行之有效的安全责任落实、事故处理、责任界定及纠纷处理等机制，做到逐一落实，责任到人。同时，针对学生制作安全手册，如：对研学过程中天气与交通、食品卫生、疾病预防、可能发生的安全事件及保险保障等都要进行详细说明，并提前做好突发事故应急预案。另外，在活动过程中，一方面要注意统筹协调，做好对活动的整体设计，结合区域实际情况制订相应的工作方案，将职责层层分解，落实到个人，切实做到“活动有方案，行前有备案，应急有预案”；另一方面要注意管理规范，责任清晰，从区域层面制定开展“淘活动”的工作规程，明确活动目的与计划、活动管理和人员配备、时间安排、出行路线等，与实践活动各方和家长签订协议书，明确区青少年活动中心、家长、学生及相关协同机构的责任与权利，以规范的管理体系、清晰的责权机制保障实践活动安全、顺利地开展。

二、“淘活动”的区域架构路径

基于上述原则，就区域如何推进“淘活动”，上城区进行了细致的思考与规划，明确了“淘活动”的区域架构路径。“淘活动”平台的总体规划如图 2-1-1 所示。

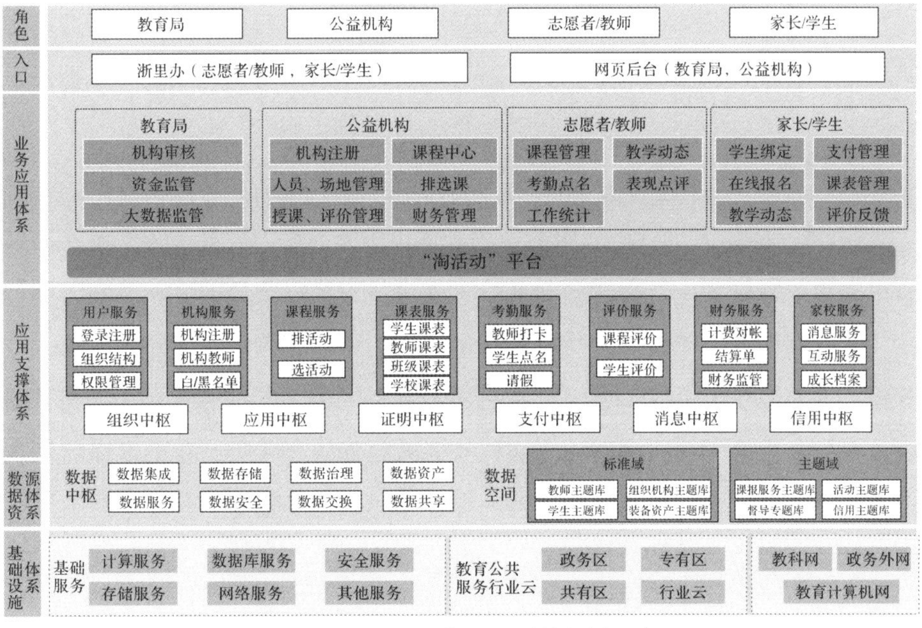

图 2-1-1 “淘活动”平台总体规划示意图

1. 平台建设

建设“淘活动”平台旨在为上城区中小学生构建校外成长圈，助力“双减”政策深入推行。平台主要有四大功能：一是实现学生报名“跑零次”。平台以上城区在读中小学生的学籍号（身份证号码）为每位学生建立唯一的“淘活动”账号。家长只须在平台输入孩子的学籍号，即可完成选课、报名、缴费及退课退费等，实现了“一次都不用跑”。二是实现活动选择“一键淘”。依托平台，依据活动时空特点及不同层次学生的个性需求提供“@家园社区‘淘活动’”“@学校场馆‘淘活动’”“@社会机构‘淘活动’”三个系列活动，实现了学生只要登录平台即能一键“淘”到喜欢的活动。三是实现教育资源“新共享”。由区教育局统筹、协调区内外的各类历史文化遗产、红色教育资源和综合实践基地、科技馆、博物馆、未来社区、未来乡村等各类教育资源，建立协调机构或协作机制，实现教育资源“新共享”。四是实现成长档案“掌上阅”。活动指导老师可通过移动端在线考勤、实时上传学生活动行程轨迹照片。活动中，家长可实时在线关注孩子的活动情况，并对活动项目和指导老师提出意见和建议。活动结束，系统会自动生成学生成长记录表。同时，平台将学生校外实践活动与红领巾奖章争章活动、校内综合素质评价等对接，实现数据融通，家长只需在平台输入孩子学籍号，即可查阅孩子的成长档案。

2. 课程开发

“双减”政策对加强课后服务提出了保证服务时间、提高服务质量、拓展服务渠道等明确要求，将课后服务纳入中小学生日常教育范畴。上城区按照全面实施素质教育的要求，建成集群化、系列化、课程化的校外活动集群，并将“@家园社区‘淘活动’”“@学校场馆‘淘活动’”“@社会机构‘淘活动’”三个系列的“淘活动”课程与课后服务结合起来，在丰富课后服务供给内容、优化课后服务供给结构、提升课后服务质量的同时，更让学生在实践活动的过程中增进对自然和社会的认识，充实人文底蕴，提高社会责任感和实践能力，提升综合素养。杭州市上城区青少年活动中心作为上城校外教育的导助机构，是推进区域“淘活动”工作的重要力量，在开发区域校外教育实践活动课程中发挥着主要作用。中心要联合政府部门、社会力量等多方力量开发校外教育实践活动课程，保证活动形神兼备，不仅要形式多样，更要注重内容的系统性、与书本知识的联系性、学科知识的渗透性、知识与实践的交互性、师生的能动性，真正获得学生喜欢、社会认同。

在开发课程的同时，区域还需要打造专业化的校外教育实践活动辅导员队伍，让校外教师了解学生的成长规律和教育教学规律，让校内教师学会利用校外的社会资源，进行有效的课程开发。要使所有校外教育实践活动辅导员都“持证上岗”，真正使辅导员成为整个“淘活动”的组织者、引导者和合作者。通过专业化的辅导员队伍保障区域“淘活动”课程的开发与落实。

3. 路线网图

上城区在推进“淘活动”的过程中，逐渐把学校、第二课堂场馆、社会公益机构、研学实践基地等串点成线，形成了点线结合、布局合理、互联互通的“淘活动”路线网图。“淘活动”路线网图的构建使得区域资源利用率大大提高，各学校、社会机构、场馆、基地之间的互动合作变得更加频繁，使得各学校、社会机构、场馆、基地焕发出新的朝气和活力，在合作中发挥更加强大的教育功能，有效促进这些场所的自我完善，有利于打造“区域品牌”，也更有利于学生“走校、走馆、走社会”。

构建的“淘活动”路线网图有三个特点：一是多向拓展。路线网图的构建，为学生开辟了更加广阔的空间，使得学生能够体验更加丰富多彩的活动，接触更加全面的信息资源，从而形成对事物更加客观、丰富的认知。二是深度体验。在“淘活动”路线的设计中，还特别注重学生对体验的深度挖掘，遵循学生学习的普遍规律，由表及里，不断深入。在开发实践活动路线的过程中，本着“开发学生潜能、激发学生兴趣、成就学生梦想”的宗旨，提炼出能在实践中得以落实的主题，围绕主题，精心串联相关的活动地点。三是全面发展。

链接 2-1-1
研学之旅路线网图

链接 2-1-2
上城清风之旅
路线网图

所有“淘活动”路线的设计都有利于启发学生的思维，促使学生在特定的环境中发现问题、思考问题、处理问题，有利于培养学生的创造力与想象力，使学生具备良好的团队合作意识与出色的交往能力，从而促进学生全面发展。“淘活动”路线设计及网图构建主要依托课程开发，同时也借助学校、社会机构、场馆、基地等活动资源。作为区域架构“淘活动”的实施路径，路线网图从一定意义上影响着“淘活动”项目开展的质量。构建“淘活动”路线网图能充分发挥资源优势，更好地服务上城学子（见链接 2-1-1、链接 2-1-2）。

4. 部门联动

“淘活动”作为区域中小学生课后服务的一部分，作为一种教育实践活动，只靠教育行政部门的组织、学校的参与，是根本无法实现的，它需要动员社会教育力量，发挥系统教育力量，需要学校、家庭、社区等多方力量协同。基于此，围绕组织好、服务好区域内所有学校及所有学生开展高品质校外教育实践活动这个宗旨，上城区教育局充分发挥杭州市上城区青少年活动中心的枢纽作用，遵循中心突出、遵规建制、信息畅通、积极主动、协调互联等原则，与区委宣传部、团区委、区文广旅体局、区关工委、区科协等部门及各街道、社会公益场馆、文化创意机构、研学机构、“非遗”工作室等主动对接、密切联动，建立家校政社多方协作运营机制，定期召开协商会议，整合多部门力量，充分保障整个区域的“淘活动”工作稳定有序推进。如：由杭州市上城区青少年活动中心研究制定全区“淘活动”课程实施政策，建立“淘活动”专家库，结合区域实际情况制订相应工作方案，定期检查工作推进情况，建立校内外多方协作管理机制，做好对“淘活动”工作的统筹规划和管理指导等事宜之外，还需要由上城区文广旅体局负责“淘活动”活动资源的推荐开发，由区公安局和交通部门来提供活动安全保障，由团区委来协助充实“淘活动”志愿者力量……即不仅是教育行政部门，各教育外部力量也都以不同的方式承担“教育责任”、发挥“教育功能”，在不同程度上成为“五育”的参与者，进而形成家校政社协同育人网络。

三、“淘活动”的推进机制

要保证“淘活动”的区域推进有序、顺利，满足区域学生与家长对高品质校外教育实践活动的需求，进而有效推动区域“双减”工作的深入，完备的机制建设必不可少。

1. 项目准入与退出机制

通过“淘活动”平台推出的学生活动项目的“产品质量安全”，是“淘活动”生命力的重要保证。为确保平台入驻项目的规范化、制度化、常态化，杭州市上城区青少年活动中心出台了《“淘活动”平台项目（场馆）准入与退出制度》，推动活动项目的“产品质量安全”逐步由被动监管向主动提升转变。

首先是“淘活动”平台项目准入原则，它包含如下三条原则。

公益性原则。“淘活动”平台推出的学生活动项目必须坚持公益普惠属性，合理确定运行成本，不得以营利为目的，不得增加学生和家长的经济负担。

实践性原则。“淘活动”平台推出的学生活动项目必须坚持理论与实践相结合，突出实践性，注重整个实践活动环节的设计、实施、评价等工作。

适龄性原则。“淘活动”平台推出的学生活动项目必须符合学生的年龄特征及其身心健康发展的需要，促进每个学生全面、和谐地发展。

其次是“淘活动”平台项目奖惩机制，其意义体现在三个方面。一是全面审核，保证资源质量。对课程内容、办学资质、师资能力、办学经验进行线上全面审核，有任何一方面缺失，经整改后无明显改善的，则一票否决。二是全程监管，提高信用加速度。监管覆盖活动前、活动中、活动后全过程，为学生提供优质服务，实现在“淘活动”平台上“最多点一次”。三是阳光操作，增强信用生命力。通过“小活动、大信用”学生活动信用场景小故事，以通俗易懂的方式向活动项目运作主体解读科学规范活动、动态精准监管、平台自动评分、等级关联应用的模式，让“淘活动”在阳光下运行。推动形成失信能及时惩戒、守信能及时激励的机制。

平台项目奖惩机制包括以下两方面的内容。

一方面是“证·信”融合，铺平活动项目信用主体共进步。对“淘活动”入驻项目采取“合格证 + 追溯”的形式，让项目既有“身份证”又有“金名片”，为失信惩戒和守信激励提供载体。一是实行项目达标合格证“1234”新模式（一千项活动资源、两张合格证件、三个追溯等级、四类活动样式）。按照“要我这么做”向“我要这么做”再向“必须这么做”的思路，创新实施项目达标合格证“1234”模式，推动活动项目主体场馆从“能用向会用”到“会用向好用”再到“好用向愿用”的转变。二是活动项目溯源管理新模式。将活动项目信用等级纳入全流程管理，认真做到“次次是信用，项项有承诺”。三是实行“证·信”互融新模式。把活动项目信用等级要素纳入“淘活动”平台管理，通过平台即可看到最新信用等级，通过“以证亮信，以信量证”真正实现“合格证 + 信用”的有机融合。

另一方面是奖惩联动，重塑活动项目信用运行新机制。一是重引导，让主体在“信用 + 应用”中得到认可。探索活动项目信用等级，实施以项目信用等级为核心的准入机制，促进项目主体以重信用、守承诺来规范各类活动行为。还可通过学生的评价倒逼项目主体重视信用。二是重激励，让项目主体在“信用 + 应用”中得到实惠。“淘活动”平台项目（场馆）连续 3 次期末考核合格及以上的，将被自动纳入平台优质项目，无须每期末进行申报。三是重监管，让主体在“信用 + 应用”中得到督促。根据活动项目信用分值变化、指标预警、信用等级情况，实施动态监管、精准监管、分级分类监管的新型监管模式。

2. 考核激励机制

为了大力推进“淘活动”，助推“双减”政策落地落实，上城区教育局不断优化考核机制，发挥“淘活动”最大优势，助力全区青少年兴趣爱好培养、实践能力提升、综合素养发展。通过设立资助项目，考核授课教师、活动项目、参与学校和机构等，以及颁布相应的具体的评选和考核文件，不断激励“淘活动”开展得更好，助力“双减”政策深入推行。

方式一是助资激励的“绿野”资助项目。

本着活动育人的宗旨，上城区大力打造可持续发展的“淘活动”项目。根据《杭州市上城区教育发展基金会章程》的有关规定，出台《杭州市上城区教育发展基金会青少年发展“绿野”资助项目申领办法》，鼓励区域内各中小学校把学校的特色活动上架到“淘活动”平台，打破学校固有边界，让区域内中小学生能分享到更多更丰富的校外实践活动。

同时，为了激励学校积极参与共建共享“淘活动”项目，《杭州市上城区教育发展基金会青少年发展“绿野”资助项目申领办法》明确指出，入驻“淘活动”平台的项目和活动，只要符合“保障学生身心健康，支持学生个性特长发展，培养学生自主能力”的条件，均可报名参加“绿野”资助项目评选。具体由杭州市上城区青少年活动中心负责资格审查、组织考察、评定等工作，杭州市上城区教育发展基金会项目申领工作小组根据考察评定结果提出建议项目和资助金额，报杭州市上城区教育发展基金会审核。审核通过的项目经公示无异议的，被确定为资助对象。“淘活动”平台每个项目资助金额不超过 1.5 万元，资助经费由上城区教育发展基金会拨付到各受资助单位，专款专用。

方式二是规范提质的评估考核制度。

为提升“淘活动”的质量，规范活动课程开展，提高学校和场馆的参与积极性，上城区教育局特制定《“淘活动”平台项目（场馆）评估考核制度》。依据“淘活动”平台入驻项目（活动）的项目（活动）设计、项目（活动）实施、项目（活动）反馈等全过程数据，对项目（活动）、授课老师、学校和公益机构开展评估考核。考核全过程做到实事求是、科学合理、程序规范，确保公开、公平、公正。

考核由上城区教育局、青少年活动中心和评估中心等多家单位联合开展，内容全面、实施规范。考核结果关系到教师的评优评职，也和学校的考核挂钩，因此，考核可充分保障“淘活动”工作的顺利推进及其质量的稳步提升。

案例 2-1-4 《“淘活动”平台项目（场馆）评估考核制度》（节选）

1. 授课教师。对授课教师的授课准备、授课状态、授课成效及授课时长进行评估考核，考核合格则可享受相对应的授课志愿时数，并可参与到年度优秀授课教师的评比，连续两次考核不合格则无法参加“淘活动”平台相关相互活动授课。

2. 入驻项目。对入驻项目（活动）的设计、实施、反馈（满意度）等方面进行评估考核，评估通过则可持续开展，评估不通过则无法继续开设，相关学校及机构要做出调整及时替换。

3. 入驻学校。对入驻学校的项目（活动）情况、开展数量、参与人数、参与满意度等方面进行评估考核，根据比例确定“淘活动”平台年度考核优秀学校，考核结果与学校考核相挂钩。

4. 入驻机构。对入驻机构的项目（活动）情况、开展数量、参与人数、参与满意度等方面进行评估考核，根据《上城区教育局关于“淘活动”平台项目（场馆）准入与退出制度》，对连续两次考核不合格及出现违规情况的机构实行清退。

（杭州市上城区青少年活动中心）

仔细研读案例 2-1-4 中《“淘活动”平台项目（场馆）评估考核制度》的节选内容，可体会到上城区开展此项评估考核工作的良苦用心，也正是在这样较为完备的评估考核机制的引领下，“淘活动”的推进才越来越规范。

3. 运转保障及安全保障机制

为保证“淘活动”各项规划工作有序开展，并有效提高组织者、参与者的安全意识，最大限度地减少学生活动过程中伤害的发生，上城区建立了“淘活动”项目运转保障及安全保障机制。

“淘活动”项目运转保障机制包括组织保障机制、经费及队伍保障机制、协同保障机制三个方面。

组织保障机制。首先，成立“淘活动”项目保障工作领导小组，实行三级责任制，即“中心主任—各部门部长—各线负责人”责任制，使中心管理团队化，实施计划实效化，运行机制畅通化。落实岗位责任制，各项工作专人负责，组织实施，做到岗位明、责任清。其次，形成自评机制，每年依据“淘活动”年度计划，对项目实施的成效进行自评。让教师全员参与建设和管理，实时监督规划实施动态，并根据杭州市上城区青少年活动中心的实际及时修正规划。邀请专家督导评价，及时调整规划，推动“淘活动”各项规划工作有序开展。

经费及队伍保障机制。科学规划经费使用，确保经费有效投入，保证预期目标有序、优质达成。进一步争取上级政府对“淘活动”的专项资金投入，完善“淘活动”平台软硬件设施建设，使平台每一项设施都能有效服务于区域青少年成长需求。“淘活动”平台的发展关键在教师，教师的配备至关重要，每三年，“淘活动”主动进行一次“淘活动”运行教师结构调整，补充新鲜血液，使平台工作人员始终处于良性循环状态。

协同保障机制。坚持有效利用各种社会资源，推动由上城区教育局、团区委、区妇联、区关工委、区科协等单位联合搭建的上城区校外教育联席会积极发挥平台作用。协同合作模式具有全面、多元的特征，通过冠名青少年学生社团、联合举办各种活动、走进社区推广公益教育活动等，真正形成部门合作、学生得益、事业发展的“淘活动”平台多赢协同机制。

二是“淘活动”安全保障机制包括活动场地安全、交通运输安全、饮食卫生安全、活动组织安全以及其他安全保障五方面。

活动场地安全。根据活动主题，精心挑选活动场地，每次活动前都必须派工作人员踩点，向场地提供方详细了解场地基本情况、活动设施使用近况和安全系数。根据场地情况，规划好停车地点、活动开展地点、就餐地点等。若在室内开展活动，须对场地的消防设施等方面的情况进行详细了解，做好紧急疏散应急预案。两天一晚或更长时间的活动，须对住宿环境、夜间活动场地安全进行详细考察论证，并做好停电、停水等状况的应急处理预案。

交通运输安全。由正规合法运输公司提供空调大巴接送活动参加人员，做到不超载、不超速、不违章行驶。活动前详细了解前往活动场地的道路通行情况，确保其满足车辆安全通行条件。规划好活动行车线路，注明相关人员联系电话，并提前与停车地点工作人员联系，确保车辆停放安全。

饮食卫生安全。由正规合法公司提供活动饮用水，保证水质符合国家标准，确保饮水安全；由正规合法公司提供活动用餐，不提供冷餐、不熟食品（除水果外），保证饮食卫生。

活动组织安全。每车配备 1—2 名有极强安全意识和丰富组织经验的活动老师，每人一份活动安全联系表，让组织各方知道每个环节所需的联系电话，确保活动正常开展；人员交接过程中，活动老师须做到清楚本队人员身体情况，确保人数准确；行车过程中，活动老师组织人员有序乘车，做好人员晕车照顾准备；活动过程中，活动老师每到一处活动场地前和离开时都要清点人数，并时时注意活动开展过程中的每个安全环节；培养活动参加人员的安全意识、自护自救常识；如果发生突发事件，就紧急处理，事后填写突发事件应急处理报告。

其他安全保障。活动配备随队医护人员，做好活动过程中可能出现的突发情况的应急医护准备；为每一位参加活动的人员提供 10 万元活动意外保险、5000 元医疗附加险。

构建一套完善的引领机制和保障体系不仅可以夯实“淘活动”开展的各项基础，还指引着“淘活动”的发展方向，为上城教育的高品质持续发展提供强有力的“护卫和开道”服务。

第二节 “双减”之下助力学生成长的课后服务

⊙

2021年7月，中共中央办公厅、国务院办公厅印发《关于进一步减轻义务教育阶段学生作业负担和校外培训负担的意见》，提出要强化学校教育主阵地作用，深化校外培训机构治理，有效减轻义务教育阶段学生过重作业负担和校外培训负担。这对整个教育界，有着至关重要的影响，也是国家进行教育改革最关键的一步。

一、“双减”推行，几家欢喜几家愁

“双减”政策的推行优化了教育生态，让教育返璞归真，回归本位。这对于学生来说，意味着生活更丰富，日子更充实；而对于学校、老师、家长来说，则带来了教学转型、课后服务、家校关系和如何做到真正减负增效等方面的巨大挑战。一句话，“双减”政策推行，有人欢喜也有人愁。

1. 学生喜什么

“双减”政策推行，最开心的莫过于学生，因为减去了他们过重的作业负担和校外培训负担，作业多到写不完的情况不复存在。校外补习班渐渐远离了学生的生活，假期也不再被各种培训、补习充斥。学生的睡眠时间得到充分保障，早上可以从从容容吃完早餐再去上学。学生的课余时间也明显增多，有了更多可自主支配的时间。学生可以在放学后、休息日做自己喜欢做的事，或从事力所能及的家务劳动，或打卡书店、博物馆，或到户外进行体育锻炼，或阅读自己喜欢的书籍等，投入更广阔的天地中，培养自己的兴趣爱好，发展自己的个性特长。从杭州市金都天长小学“双减”政策推行前后学生作息时间对比中可见一斑（见表 2-2-1）。

表 2-2-1　杭州市金都天长小学“双减”政策推行前后学生作息时间对比

2020 年 9 月

午别	时间	项目
上午	8:20—9:00	第一节课
	9:10—9:50	第二节课
	10:00—10:15	阳光大课间（15 分钟）
	10:15—11:00	（眼保健操）第三节课
	11:10—11:50	第四节课
中午	12:00—12:40	“淘玩”午间（40 分钟）
下午	12:55—1:00	眼保健操
	1:00—1:15	谈话与整理
	1:20—2:00	第五节课
	2:10—2:50	第六节课（眼保健操）
	3:00—3:20	阳光大课间（20 分钟）
	3:30—5:30	“1+X”课后服务

2021 年 9 月

午别	时间	项目
上午	8:20—8:55	第一节课
	9:05—9:40	第二节课
	9:45—10:15	阳光大课间（30 分钟）
	10:15—10:55	（眼保健操）第三节课
	11:05—11:40	第四节课
中午	11:40—12:40	“淘玩”午间（60 分钟）
下午	12:55—1:00	眼保健操
	1:00—1:15	谈话与整理
	1:20—1:55	第五节课
	2:05—2:45	第六节课（眼保健操）
	2:50—3:20	阳光大课间（30 分钟）
	3:30—5:30	“1+X”课后服务
备注	每月 1 日、15 日为无作业日	

“双减”政策推行后，杭州市金都天长小学推出了“淘玩 10 分钟 +”，对学生作息时间进行了微调，每节课从 40 分钟调整为 35 分钟。除常规的课间 10 分钟外，将上午、下午阳光大课间时间延长至 30 分钟，午间安排 1 小时左右自主“淘玩”时间。“1+X”课后服务为作业高效完成后的自主时间，学生可三五成群地玩，不亦乐乎。每月 1 日和 15 日为学校固定的无作业日，学生更是有充裕的娱乐时间。多种时间段，学生可以自由淘选，在适度的玩中解放天性。

2. 家长愁什么

“双减”政策的出台，在让学生从繁重的作业中解脱出来、拥有了更多可自主支配的时间的同时，却也让家长犯了愁：孩子没有了过重的作业负担，也没有了那么多的校外培训，多出来的时间怎么办？孩子不上培训班，双休日可以做什么？学科类补课没有了，要想孩子发展得更好，培养一下孩子的特长，哪里的素质类培训班比较好？亲子陪伴可以做些什么？该让孩子“去哪儿玩”“玩什么”？没有时间陪伴孩子怎么办？针对这些问题，杭州市回族穆兴小学在“双减”后对全校 900 多名学生进行了一次学生家庭双休日素质类培训安排情况调查，相关情况如图 2-2-1、图 2-2-2 所示。

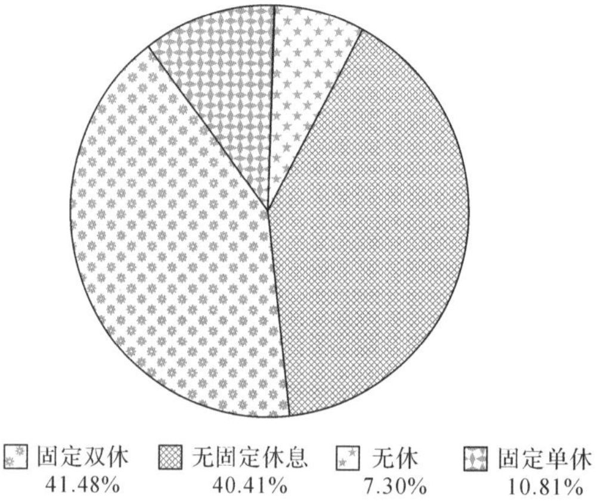

图 2-2-1　家长休息日保障情况

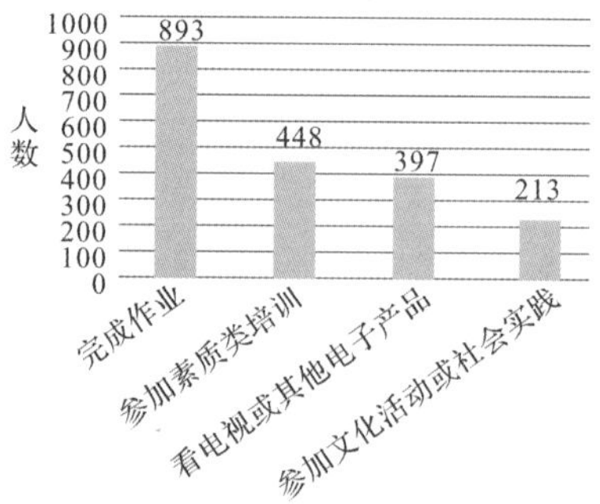

图 2-2-2　学生双休日活动项目安排

以上数据较为充分地反映了学生双休日安排情况不容乐观，双休日的亲子陪伴问题成了“双减”后家庭教育的新矛盾，家长育儿征途中的新考验。主要表现在亲子共处时间不足、家长陪伴能力不强、亲子活动资源不多、孩子活动内容单一等多方面。这样的现实困境仅靠家长一己之力无法破解，无疑成了“双减”后，家长们的“新愁”。

3. 学校缺什么

对于学校而言，“双减”政策的出台意味着要改变现有的教育教学秩序，它给学校教育带来了巨大的挑战。比如，“双减”之后，课后服务对现有学校教育教学资源的配置提出了新的要求，包括组建课后服务教师团队，提供课后活动开展的场地、器材，制订优质的课后活动方案等，需要学校额外投入大量的配套师资力量和硬件资源。这无疑成了学校教育面临的一大难题。

在浙江省政协调研组对省内杭州、宁波、金华等地的不同类型的市县学校、校外素质教育服务供给场所共计 14 处进行调研，不少学校校长都提到了课后服务的师资紧缺、活动资源不够、课后服务配套教育资源的有效供给困难等问题。比如，杭州市凤凰小学的缪校长在说到课后服务供给时就指出：目前，课后服务供给偏重于艺术教育，面太窄，门类太少，无法给学生提供丰富的、可选择的、优质的课程资源，不能满足所有学生的发展需求。就此状况，缪校长建议优化供给结构，丰富课后服务类别，扩大供给，提升课后服务质量。这样的调研结果，证实了：如何满足“双减”后不同学生个性化的学习需求，如何实现配套教育资源的有效供给，保证课后服务水平，都成了学校亟须解决的大难题。

二、“双减”之下的课后服务和“淘活动”

1.“双减”政策对课后服务的要求

“双减”文件印发后，一场前所未有的教育改革启动。旨在根治基础教育中存在的诸多痼疾顽疾的“双减”，对于整个教育界来说意义极为深远。作为推动“双减”政策落地的重要一环，课后服务被写入各项政策文件，以确保提升学校课后服务水平，满足学生多样化需求，具体可见以下三方面。

第一方面是保证课后服务时间，指出：学校要充分利用资源优势，有效实施各种课后育人活动，引导学生自愿参加课后服务，在校内满足学生多样化学习需求。课后服务结束时间原则上不早于当地正常下班时间，对有特殊需要的学生，学校应提供延时托管服务。

第二方面是提高课后服务质量，要求：学校要制定课后服务实施方案，增强课后服务的吸引力。充分用好课后服务时间，指导学生认真完成作业，对学习有困难的学生进行补习辅导与答疑，为学有余力的学生拓展学习空间，开展丰富多彩的科普、文体、艺术、劳动、阅读、兴趣小组及社团活动。

第三方面是拓展课后服务渠道，明确：课后服务一般由本校教师承担，也可聘请退休教师、具备资质的社会专业人员或志愿者。教育部门可组织区域内优秀教师到师资力量薄弱的学校开展课后服务。充分利用社会资源，发挥好少年宫、青少年活动中心等校外活动场所在课后服务中的作用。

教育部也对课后服务做出“全面覆盖、保证时间、提高质量、强化保障”的要求。

作为推动“双减”政策落地的重要一环，课后服务的定位不仅仅是托管和看管，在内容安排、课程设置等方面都须统筹设计、整体谋划。而以浙江省政协调研组对省内杭州、宁波、金华等地学校的调研结果看，进一步整合校内外资源，结合家长与学生反馈，不断优化课后服务内容设计，丰富课后服务供给，已成为“双减”进入深水区后面临的重要命题，也是各地（教育工作者）的必答题。

2.“淘活动”有机对接课后服务

上城区推出“淘活动”的初衷是有效解决学生课后“去哪儿玩”“玩什么”的问题，最大限度地满足家长和学生对校外教育实践活动的需求。“淘活动”，其精髓在“淘”。

“淘”是快乐。淘气是儿童的天性。“淘活动”为区域内中小学生提供丰富多彩的校外教育实践活动。学生在活动中缓解学业紧张感和压力，放松身心的同时提高审美情趣；磨炼体魄和意志，培养吃苦耐劳精神和抗挫能力；增强安全意识，提高自我保护能力和生存能力；体验社会文明建设，养成健康的行为习惯和生活方式；学会生活，提高生活质量和品位。“淘活动”充实了“双减”背景下区域内中小学生课后闲暇生活，释放他们的天性，使他们的心灵得到浸润、滋养，使他们享受童年的欢乐，更加幸福、健康地成长。

“淘”是选择。自主选择能力是未来社会人才必备的能力素养之一。学生从小有选择，长大后才会做选择。那些善于解决问题的人，同样是善于选择的人。而选择能力是一种经验积累，是在不断经历中逐步培养和建立的。善于选择的人大多是一个经常去选择的人。“淘活动”不仅通过让学生在平台自主搜索，选择自己喜欢的、适合自己的活动课程，培养了他们会选择的能力，更让学生在欣赏各类艺术作品、走访各种文化场馆、参观不同的历史博物馆和爱国主义教育基地时，多看，多思考，多做判断与选择，逐步认清自我，明确自己擅长什么，慢慢地他们就会长出自主选择的翅膀，并且拥有自信、勇于担当、自律自控、充满活力。

“淘”是活动。基于“公益为先、孩子为本、活动育人”的理念，“淘活动”帮助区域内中小学生通过“寻访、参观、探究”等多种形式的活动，让学生在参与、体验、互动的过程中感受中国传统美德和传统文化之美，尊重中华民族优秀文明成果，了解中国共产党的历史和光荣传统，传承红色革命之魂，体验社会发展成就，理解、接受并践行社会主义核心价值观；扩大交往范围，学会交流和分享学习成果和创意，提高协作沟通、人际交往能力；形成规则意识，增强法治意识，学会明辨是非，懂得自尊自律；养成文明礼貌、宽以待人的品质以及积极参与和谐社会建设的意识和能力；形成社会责任感以及积极履行公民义务的意识和能力，在经历探究问题的过程中获得亲身体验和实践经验，形成发现问题、提出问题、分析问题、解决问题的志趣，在实践活动中内化、提升知识和素养，培养批判质疑、勇于创新的科学精神。一句话：在活动中实现了知行合一。

“淘活动”既是资源平台，又是活动载体，还是评价系统。

作为资源平台，它围绕数字化改革“V”字模型架构设计，是全省第一个也是当前最大的一个校外活动资源集成平台，对接学籍管理系统，集活动发布、自助报名、评价互动于一体，实现线上报名、线下活动，使活动的运行智能、高效。

作为活动载体，它可供区域内中小学生在课后参与校外教育实践活动，极大地丰富了区域内中小学生校外素质教育服务供给，优化了“双减”背景下区域内中小学生的教育生态环境，满足了“双减”背景下校外教育实践活动需求，有机对接了“双减”之下的课后服务，促进了区域内中小学生全面而有个性地发展。

作为评价系统，它依托数智化技术，会通过平台数据自动生成学生成长记录表，并与区域内的星级家长执照系统和综合素质评价等项目对接，实现平台间的数据共享。同时，通过平台将校外教育实践活动与红领巾奖章争章活动、校内综合素质评价等相结合，构建基于区域内中小学生校外教育实践活动数据的学生综合素质评价体系，实现评价“一体化”。它还可通过平台大数据对第三方机构等校外资源的办学资质、教师资质、上课内容等进行监管。

“双减”政策是对社会、政府、学校、家庭间多重关系的重构，其落实难以仅仅依靠教育系统自身去实现，而需要政府的战略部署和多方力量的统筹协调，要“内外结合、多元协同，引导行政部门、学校和家庭等对于减负形成一致的价值判断和行动共识，力争在遵循科学规律基础上予以有效解决”。因此，“双减”下的课后服务作为创新人才培养的重要路径，需要打通学校课程与社会资源，校内校外共同发力合作推进。而“淘活动”，正是依托平台数智技术，协同家校政社多方力量，统筹规划社会资源，有效丰富校外素质教育服务供给，优化“双减”背景下区域内中小学生的教育生态环境，有机对接了“双减”背景下的课后服务，有力促进了上城教育的优质、均衡发展。

三、“淘活动”撬动学生课余成长体系变化

“淘活动”自 2017 年启动，至今已有五年。五年来，“淘活动”参与人次超过 7 万，“淘活动”一词也已深入上城区学生、家长、老师的心。尤其在“双减”政策推行后，上城区围绕“身心健康、品质优秀、学业上乘、素质全面、个性鲜明”的学生发展目标，以“淘活动”平台为依托，积极打造上城区中小学生校外成长圈，引导上城学生真正实现“走校、走馆、走社会”，有力撬动了学生课余成长体系的变化。

1. 场景变化

“双减”背景下，为满足区域内中小学生对高质量校外教育的需求，上城区青少年活动中心对区内外各类历史文化遗产、红色教育资源、综合实践活动基地、博物馆、图书馆、体育场馆和科技馆等校外教育资源，以及区内各中小学校的“每校一特色”资源进行统筹协调，并积极争取区委区政府的大力支持，通过基地挂牌、机构签约、定期协商等方式建立多方联动协作机制，积极建设爱国主义教育、人文艺术体育教育、科普教育、绿色生态教育等多个校外主题教育场所，勾勒了“15分钟研学步行圈”（见链接2-2-1）、“宋韵文化研学圈”、“上城红色基因育人地图”等。并以“宋韵文化”课程体验馆、区域示范性公益培训太平门直街基地、区域示范性公益培训九堡街道分中心基地、候潮东路创客技术馆、候潮东路红领巾学院、宋城路“勇敢娃娃兵”研学基地等为原点，构建上城特色校外教育活动圈。同时，“淘活动”还以每个学生的家为原点，依据学生生活、学习空间半径由小到大的变化，打造了“@家园社区‘淘活动’”“@学校场馆‘淘活动’”“@社会机构‘淘活动’”三个学生校外成长圈。通过不同途径、不同方式实现的教育资源共享，意味着学生课余时间参加校外实践活动的范围越来越广阔，可选择的资源越来越多样，参加活动的时间越来越灵活，其成长的场景也变得更加丰富多维。

链接 2-2-1
上城区中小学生“15分钟步行圈”小视频

2. 角色变化

依据活动资源的空间分布特点以及区域内不同层次学生的实际需求，“淘活动”面向全区中小学生，开发设计了三个系列的活动课程。第一个系列是基于家园、社区范围内学生的活动资源而开发的“@家园社区‘淘活动’”，如“流动少年宫进学校（社区）”，以及专为“幸福家庭活动日”设计的200余个亲子活动项目。第二个系列是区域内各中小学基于周边资源及学校特色发展需要而开发的校本特色课程“@学校场馆‘淘活动’”，这些课程通过平台在周末或假期向全区中小学生开放。第三个系列是与各社会公益机构、文化创意机构、第二课堂场馆等进行合作联动，与相关单位合作开展的校外实践活动项目“@社会机构‘淘活动’”。通过扩大供给，建成集群化、系列化、课程化的校外教育实践活动。这些活动课程集群，不仅能为学生提供丰富的活动课程，使学生一键即能“淘”到自己喜欢的活动，有效解决“双减”后学生“去哪儿玩”和“玩什么”的问题，还能使学生获得各种不同的人际交往体验。从参加“幸福家庭活动日”亲子活动的亲子关系，到参加区内各校主题特色活动的同学伙伴关系，再到参加各社会机构、场馆活动，与场馆叔叔阿姨交往……学生在“走校、走馆、走社会”活动中的角色不断发生变化，与人交往、沟通的能力也在实践过程中不断提升。

3. 评价变化

“淘活动”作为评价系统，积极进行了评价改革探索。首先，依托“淘活动”平台，建立学生自评、同伴互评、辅导员评价三位一体的评价系统，参与活动的学生本人、同伴及辅导员教师通过各自账号登录平台进行评价。比如，活动过程中，老师可通过移动端在线进行考勤、实时上传学生活动行程轨迹照片，还可直接在“淘活动”平台对学生进行评价。活动结束，系统自动生成一份涵盖活动时间、地点、参与情况、学员评价、教师评价等信息的成长记录表，并不断积累，最终生成一份电子化成长档案。同时，家长可及时掌握孩子的签到考勤情况、参加活动情况及评价雷达图，并对该活动和辅导员教师提出宝贵的意见或建议。其次，“淘活动”评价系统还与红领巾奖章争章评价体系互为衔接。学生参与活动表现良好，一次可获得体验章一枚，积满体验章六枚可换取技能章一枚，获章记录作为少先队“火炬银奖”评选及校内综合素质评价的重要依据。平台还为学生创设活动上传、荣誉上传通道，将校外教育实践活动评价与红领巾奖章争章活动评价、校内综合素质评价等相结合，实现数据融通，实现评价激励的校内外一体化。

评价既是鉴定，更是导向。学生综合素质评价实现“一体化”，让学生校外教育实践活动成果更立体，评价体系更健全，更有利于开发学生潜能，激发学生兴趣，促进学生全面而有个性地发展。

“双减”政策的推进带来了基础教育更深层次的变革。“淘活动”是顺应这次变革创新的育人模式。它是利用数智化技术将家庭、学校、政府、社会多方资源集成于一体，创建多维数据共享机制，以实现数智化管理。创建“淘活动”平台旨在打造一种所有人都承担起教育责任的素质教育服务良好生态，实现“走出家门就是校门，走出校门就是家门”，真正推动教育优质均衡发展。

参考文献

［1］王晓燕．推进研学旅行需抓住关键环节［J］．新课程导学，2019（6）：4–5.

［2］中共中央办公厅，国务院办公厅．关于进一步减轻义务教育阶段学生作业负担和校外培训负担的意见［Z/OL］．（2021–07–24）[2022–07–28].http://www.moe.gov.cn/jyb_xwfb/ gzdt_gzdt/s5987/202107/t20210724_546566.html.

［3］王旭波．对开展主题实践活动促进学生潜能发展的认识［J］．宁夏教育科研，2016（1）：38–39.

［4］李明．新时代“人的全面发展”的哲学逻辑［N］．光明日报，2019–02–11（15）.

［5］魏铼．人工智能的故事［M］．北京：人民邮电出版社，2019.

［6］中华人民共和国教育部．教育部关于加强新时代教育管理信息化工作的通知［EB/OL］．（2021–03–15）[2022–07–28].http://www.moe.gov.cn/srcsite/A16/s3342/202103/t20210322_521669.html.

［7］郑思晨．“双减”政策下校外教育的使命与担当：以中国福利会少年宫为例［J］．科学教育与博物馆，2021，（6）：556–561.

［8］张昱瑾．少年宫教育课程规划的整体构建［J］．青少年研究与实践，2016，31（1）：53–59.

［9］林崇德．学生发展核心素养：面向未来应该培养怎样的人？［J］中国教育学刊，2016（6）：1–2.

［10］张俊宗．努力构建德智体美劳全面培养的教育体系［J］．中国高等教育，2019（15）：70–72.

［11］胡铁贵．发展研学旅行对我国中小学生核心素养培养的重要意义［J］．当代教育实践与教学研究，2019（18）：218–219.

［12］张翼翀．基于智连互通的智慧少年宫建设与应用研究［J］．青少年研究与实

践，2022，37（1）：52–59.

［13］史艺. 兴趣　实践　探究　创新——校外科技探索实践课程的探索与实践［J］. 中国科技教育，2019（11）：18–20.

［14］雷刚. 校外综合实践活动在当今教育中的重要性［J］. 学问·现代教学研究，2012（12）：6.

［15］李慧萍. 论校外综合实践活动在教育中的作用［J］. 课程教育研究，2016（29）：21.

［16］金明，李响. 源自苏联的少年宫［J］. 党史博览，2018（9）：33.

［17］范国睿. 教育生态学［M］. 上海：华东师范大学出版社，2007

［18］张印成. 课外校外教育学［M］. 北京：北京师范大学出版社，1997.

［19］彭其斌. 研学旅行课程概论［M］. 济南：山东教育出版社，2019.

［20］张传燧. 综合实践活动课程论［M］. 广州：广东教育出版社. 2005.

［21］林崇德. 21 世纪学生发展核心素养研究［M］. 北京：北京师范大学出版社，2016.

第三章

“淘活动”怎么“淘”

随着数智时代的加速到来，通过大数据、信息技术及人工智能构建多维度成长场景下学生校外成长圈学习体系是大势所趋。近年来，上城区围绕数字化改革，持续推进“淘活动”平台迭代升级，打破传统学习时空壁垒，创新教育场景应用，最大限度地满足“双减”背景下高质量校外教育的供给需求。同时以“淘活动”平台为依托，充分利用大数据进行分析，提升数据服务价值，实现课程资源的精准对标，灵活运用开放教育资源，赋能学生未来。

第一节
“淘活动”数智平台创设运维探索

⊙

数智时代的本质是以数字信息技术驱动的一轮社会变革，人类逐步迈向平台经济与智能算法社会。杭州市上城区青少年活动中心顺应时代潮流，与新技术革命共舞，主动承担起辐射引领校外教育发展的社会责任，合理统筹社会资源，利用数字化技术，积极打造“淘活动”数智化学习平台，丰富学习者的感官认知和场景化学习体验，构建成长场景下校外成长圈学习体系。在移动互联环境下，线下实体成长空间延伸到线上学习平台，知识传授转变为知识共同创造和分享，为新时代校外教育培养未来型人才提供了思路。

一、成长场景下校外成长圈学习体系

数智时代，教育无边界。“淘活动”数智平台突破和超越了传统校外教育意义上的时空，一种成长场景下的校外成长圈学习体系正在生成。“双减”背景下，学生自由时间不断增加，提升了学生自由发展的可能性，校外教育实践活动的价值得以进一步凸显。杭州市上城区青少年活动中心发挥枢纽作用，依据新上城丰厚的成长场景资源和青少年高品质校外教育的实际需求，梳理、统筹、协调家园社区、学校场馆及社会机构等学习空间，打破原有校外教育领域的空间藩篱，实现现有校外教育空间的共享与共建，构建成长场景下校外成长圈学习体系。在新的教育时空中，教育者只要想教，就能实现“在场”；学习者只要想学，就能实现“在场”。通过对学习者数据、信息进行梳理、整合，形成了点多面广的教育服务数智空间。基于“淘活动”数智平台，构建一张覆盖全体学生的教育服务“智慧化网络”，构建基于平台的虚实融合的跨界学生成长场景，即“家园社区—数智空间”“学校场馆—数智空间”“社会机构—数智空间”三级立体校外成长圈，用场景化的方式依据需求精准化、智能化落实服务，串联成长场景，从而提高学习者的参与度、认同度和幸福度，赋能未来。

“场景”一词最早为戏剧演出用语，后被引入新闻传播学中，指人与周围景物的关系的总和。其最为核心的要素是场所与景物等硬要素，以及与此密切相关的空间与氛围等软要素。“淘活动”将成长场景定义为学生成长过程中所需要的场景，构建的校外成长圈学习体系（见图 3-1-1）是成长场景下以

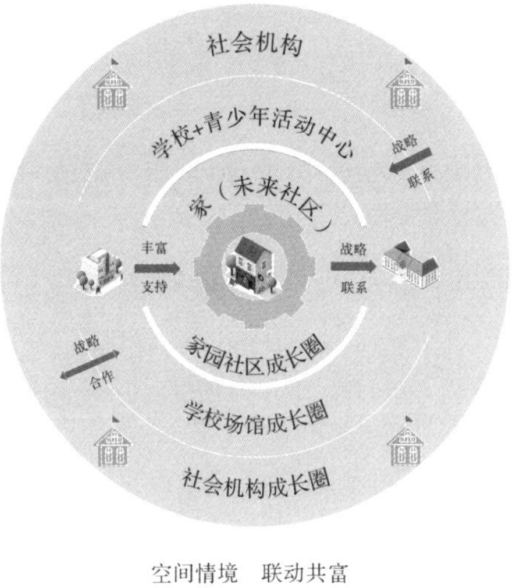

图 3-1-1　成长场景下校外成长圈学习体系

提升学习者体验、满足用户个性化需求为导向的体系。从学习空间的范围来看，包括家园社区成长场景、学校场馆成长场景、社会机构成长场景和个人数字空间场景。成长场景下校外成长圈学习体系发挥其线上与线下资源的整合协同作用，旨在为学生创设个性化学习成长场景下感官认知和概念化认知的学习场景，并激发学生对新知识和理论深度探索的兴趣和动力。

1. 家园社区成长场景学习

家园社区作为学生校外生活的基本单元，是最接近学生日常生活层面的成长空间。家园社区成长场景的架构从家园社区设施制度、空间布局、服务品质等多方面关注学生成长与价值实现，强调亲子陪伴和公众参与，满足学生成长发展需要。截至 2022 年 8 月，“淘活动”平台 2.0 版本可以为上城 11 万余名学生提供服务，家园社区学习场景下已上挂 200 余个“家庭日”活动资源、80 余个暑期托管活动资源。家长和孩子通过“淘活动”平台线上的指导课程、场馆介绍、活动资讯等项目可选择适合自己的成长场景，参与“线上＋线下”活动，使学生足不出户也能享受“淘活动”平台带来的便利，将美好的教育服务带回家。

与此同时，为更好地满足学生个体发展的多元需求，“淘活动”又将“社区少先队”建设目标作为突破口，以深化教育“新共同体”实践为着力点，发挥现有“美好社区行”品牌活动优势，寻求街道、妇联等优质教育资源的互通渠道，共同开发社区妇女驿站、城市书房、社区健身活动场所、幸福学堂等地域资源，融入“共享社区·幸福邻里”理念，搭建家园社区活动平台，开发一批以家园社区为活动空间的活动课程及适合亲子陪伴的活动课程。从“红色基因”“传统文化”“公益实践”“科技创新”等角度切入主题式体验活动，将思想内涵元素融入阵地，为学生在家长的陪伴下实现全面发展、实现“德智体美劳”整体素质全面提高提供场所、提供参照、提供平台。同时关注学生个体的发展，关注学生的价值，实现“促进发展”的终极目标。

2. 学校场馆成长场景学习

学生的世界观、人生观、价值观很大程度上都是在学校生活中逐渐形成和完善的。学生的学校生活既包括学生在校时的一切行为活动，也包括学校在闲暇时段为培养学生成为合格的社会公民而开展的各种活动。“双减”背景下，利用好学校的教育资源，让假期的学校成为同学伙伴一起“淘”的实践活动中心，让德育资源有效回归生活，是“淘活动”的又一重要职能。通过对上城区现有学校特色实践育人空间进行梳理发现，截至 2022 年 5 月，改版升级后的“淘活动”平台 2.0 版本已成功邀请 87 家学校场馆完成入驻，如表 3-1-1 所列出的上城区“淘活动”平台入驻项目学校场馆，有效打破校际壁垒，实现“每校一特色”资源共享，促使各校优质教育资源的受众面由一校学生拓展到区域内所有学校学生。如浙江省中小学思政课实践教育基地杭州市钱学森学校钱学森纪念馆、首批市级公民法治素养观测点杭州市澎博小学钱塘青少年法治学习体验中心、上城区科学家精神教育基地杭州市茅以升实验学校的茅以升事迹展览馆、杭州市丁兰第二小学呦呦·中医药研学中心、杭州师范大学第一附属小学宋韵博物馆、杭州市天长小学天长数学小实验体验中心等区域内特色学校场馆等都是“淘活动”平台入驻的学校特色场馆。其活动主题涵盖德、智、体、美、劳各个领域，充分满足区域内学生个性化、多元化发展需求。真正实现全域协同，推动区域教育资源优化配置提供保障，形成上城区内大范围的学校场馆成长场景活动圈。作为南宋皇城遗址所在地、南宋文化发祥地，宋韵文化正是新上城文化的“金名片”。为深入推进新时代文化浙江工程，2023 年第一季度“淘活动”平台以解码文化基因为切入点，深入挖掘宋韵文化价值内涵，实现资源、基地、项目、平台共建共享，推出宋韵季主题教育实践活动，进一步面向学校场馆征集宋韵实践活动基地。全省首个“可上手的文物　可触摸的历史”开放式、浸润式校园博物馆学习场景——杭州市钱江外国语实验学校的钱江宋韵馆（见链接 3-1-1）也正式入驻“淘活动”平台，为上城学子提供更高品质的校外学习成长场景。

链接 3-1-1
钱江宋韵馆
宣传片

表 3-1-1 上城区“淘活动”平台入驻项目学校场馆（部分）

序号	所属街道	学校名称	申报基地（活动）名称
1	小营街道	浙江省杭州第六中学	“方寸乾坤”篆刻社团
2	紫阳街道	杭州市江城中学	小工匠体验活动
3	南星街道	杭州市清河实验学校	观鸟体验营
4	湖滨街道	杭州市惠兴中学	遥控赛车入门
5	清波街道	杭州市清泰实验学校	亚运健体加油站
6	望江街道	杭州市开元中学	Python 趣味编程
7	闸弄口街道	浙江省教育科学研究院附属实验学校	旋转吧足球
8	九堡街道	杭州市东城第二实验学校	3D 打印空间
9	四季青街道	杭州市钱江外国语实验学校	钱外棒球场
10	笕桥街道	杭州市笕弘实验学校	城市田园实验室（百草园）
11	四季青街道	杭州市钱江新城实验学校	飞鹰轮滑俱乐部
12	凯旋街道	杭州市景芳中学	玩转足球
13	彭埠街道	杭州市澎扬中学	小轮车体验活动
14	丁兰街道	杭州市丁蕙实验中学	趣味网球
15	闸弄口街道	杭州市艮山路学校	“米其林”课程
16	采荷街道	杭州市采荷实验学校	人机互动英语听说课程
17	南星街道	杭州市胜利山南小学	“触手可及”的非遗传承——南宋官窑陶艺体验
18	湖滨街道	杭州市天长小学	天长数学小实验体验中心
19	清波街道	杭州师范大学第一附属小学	宋韵博物馆
20	望江街道	杭州天地实验小学	“玩转童话”戏剧体验
21	小营街道	杭州市大学路小学	魅力击剑
22	紫阳街道	杭州市蒋筑英学校	“未来科学 +”探究厅
23	采荷街道	杭州市采荷第二小学	“兰亭书社”书法社团
24	丁兰街道	杭州市丁荷小学	红领巾挑战营——生存体验馆
25	笕桥街道	杭州市笕新小学	红领巾阳光农场

续表

序号	所属街道	学校名称	申报基地（活动）名称
26	凯旋街道	杭州市茅以升实验学校	桥梁小工程师
27	彭埠街道	杭州市夏衍第二小学	网球体验场
28	九堡街道	杭州师范大学东城第二小学	杭州师范大学东城第二小学特色莲响操

3. 社会机构成长场景学习

学生成长场景除去最基本的家园社区和学校场馆，更为广阔的新天地是社会这个大场景。作为杭州市中心城区，上城区有着得天独厚的优势。区域内名胜古迹星罗棋布，历史文化底蕴深厚，是南宋文化、吴越文化、钱塘江文化的重要承载地和南宋皇城遗址所在地，具有浓郁乡土气息与本土特色的博物馆、纪念馆、历史遗迹、名人故居、艺术剧场等鳞次栉比，是杭州独特韵味、别样精彩的重要承载地和体验地，既有巷弄的“烟火气”，又有缤纷的“高大上”，为区域内校外教育实践活动的开展奠定了良好基础。学生校外成长圈的最后一圈正是基于这些资源。一直以来，杭州市上城区青少年活动中心规划、统筹、协调各类社会优质教育资源，以“淘活动”平台为载体，实现信息融合共享，聘任“非遗”传承人、场馆讲解员、剧院和美术馆艺术家以及各职能部门志愿者担任校外辅导员，积极参与协同育人公益事业，有目标、有组织地带领和指导上城学子开展有意义的实践活动，打造具有上城特色的“淘活动”校外成长圈。

以“淘活动”宋韵文化实践活动成长场景为例。上城区是宋韵文化的中心区和重点区，一直将宋韵文化传承作为建设国际化现代化共同富裕典范城区的重要组成部分。为此，上城区根据各阶段学生的知识、能力、身心发展水平确定目标，联动校外德育实践基地，开发以宋韵文化即南宋爱国主义、民俗传统文化、“非遗”文化传承等为主题的研学课程，以“寻访、参观、探究”等活动为主要形式实施，让学生在参与、体验、互动的过程中实现知行合一。如聘任非物质文化遗产的传承人刘瑞龙老师担任“淘活动”校外辅导员，带领上城“伢儿们”在已经有300多年历史的方回春堂国药馆里学做小小郎中，感受传统中医药文化的魅力。

以“淘活动”红色文化实践活动成长场景为例。上城为传承红色革命之魂，把上城红色资源利用好、红色传统发扬好、红色基因传承好，整合区域内红色场馆资源，进一步开发红色研学点，形成“传薪火·启新程新上城‘红色’之旅”研学路线图（见图3-1-2），将上城红色场馆引进“淘活动”平台，共同打造红色成长场景学习空间，展开形式多样的线下活动。

除深入挖掘区域内社会场馆，与其进行战略合作外，“淘活动”平台也在积极引进校外机构优质课程，如“木塔与天空”“小主人报”等校外教育机构，进一步扩大“淘活动”平台校外成长场景学习资源。

4. 个人数智空间场景学习

随着大数据、人工智能、网络课程等新技术、新业态的迅速发展，学习的边界进一步拓宽，学校间的壁垒进一步打破。在这样的大环境下，校外教育实践活动的变革也面临着挑战。2020年新冠疫情的出现，加速了在线教育、数据上云的需求和发展，也给“淘活动”的发展带来了新挑战和新机遇。2020年4月，“淘活动”适时推出了“足不出户”云活动系列，通过提供在线活动指导单，开展实时艺术鉴赏直播、设计趣味体育游戏、录制创意科普视频、导读中外经典名著等方式服务于学生，使学生在疫情防控期间可以足不出户看艺术、足不出户做运动、足不出户玩科学、足不出户读名著。融通线上线下，融合云活动和线下活动的各自优势，打造了混合式体育、艺术、科技、图书教育活动新常态。升级至2.0版后，数智赋能，进一步打破空间壁垒，推出了“一起淘”，鼓励用户将线下互动搬到线上，一起“淘”各种喜欢的活动项目。

除去学习内容的数字创新，每位“淘活动”平台的线上用户都可根据自己个人成长场景形成个人数智空间。活动过程中，可在移动端进行在线考勤、授课动态上传，以及学生自评、同伴互评、教师评价等。家长可实时在线关注孩子参加活动的情况，并对该活动项目和指导老师提出意见和建议。活动结束，

图 3-1-2　传薪火 · 启新程新上城"红色"之旅研学路线图

系统自动生成学生成长记录表；还能依据学生日常的活动选择、实践积分、“五育”评分、成长报告等数据，形成个人数字画像；并依据机构活动分类表现、学校组织工作、家长满意度、教师完成度等数据，形成集体数字画像。

二、“淘活动”数字平台的创设

随着教育信息化的日益发展，“双减”政策有效落地，学生对校外活动的需求量急剧增加，对活动也提出了更高更严的要求。传统的活动组织形式和参与方式已经不能满足学生的需求。为提高参与活动和组织开展活动的效率与质量，上城区开发了一个集活动发布、自助报名、评价互动等于一体的校外实践活动平台——“淘活动”平台。

1.“淘活动”平台护卫活动顺利进行

“淘活动”平台开发采用“互联网＋教育”的思维，受众包括教育主管部门、公益机构、家长、学生、志愿者（教师）等，提供机构入驻审核、活动信息发布、报名、缴费、活动管理、评价反馈以及区教育局监管等功能，整合家园社区、学校场馆、社会机构等实践活动资源，构建成长场景下校外成长圈学习体系，弥补节假日、寒暑假等时间校外课后服务场景覆盖不足的问题，有效解决学生课后“去哪儿玩”和“玩什么”的问题。同时，平台通过人工智能核心技术为区教育局提供大数据支持，解决信息安全、资金安全、托管安全等问题，并支持多级架构，满足不同客户的业务服务与监管分析的需求，并提供最优化的解决方案。

“淘活动”平台基于上城区教育云平台，主要操作对象有家长、学生、教师，它实现了 PC、安卓、IOS 应用实时同步。平台提供清晰、简洁、友好的中文人机交互界面，操作简便、灵活、易学易用，便于管理和维护。系统对各类用户的权限管理采用分角色、分权限的多级管理方式，针对不同的用户设定不同的数据访问权限，保证系统的安全性，其关键业务流程如图 3-1-3 所示。

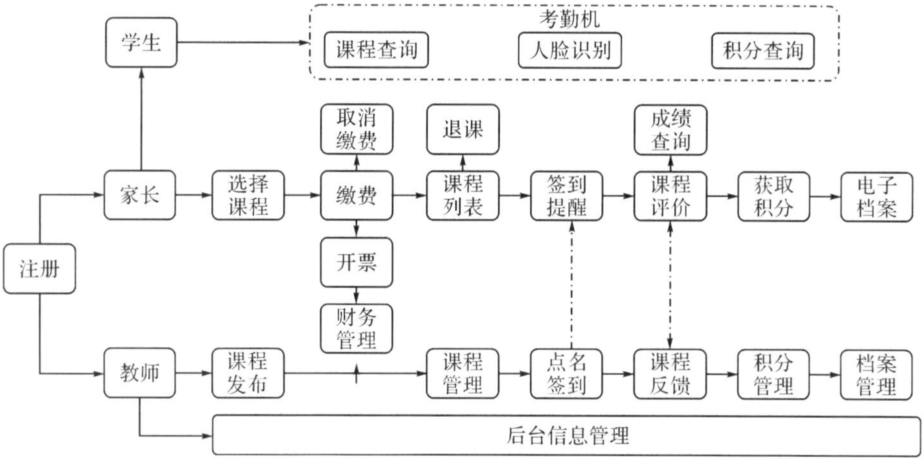

图 3-1-3 “淘活动”平台关键业务流程图

2.“淘活动”平台提供用户最佳体验感

“淘活动”平台创设的是一个数字化应用场景。通过“淘活动”平台，可以把活动设计、信息发布、选择应用、过程监管、总结反馈、意见建议等环节和过程全部电子留痕，形成活动的闭环管理。平台版面设计科学规范，内容满足各级各类用户需求，包括学生、家长、活动管理者、带队老师、平台管理员等，而且操作简单、一学就会，享有最佳的操作体验。

首先，便利学生和家长，享受“一站式”便捷服务。

上城区所有在读的中小学生均可在平台注册，成为“淘活动”的主人，实现“我要的活动我选，我选的活动我来，我来的活动我评”。

在平台上注册信息，既可以通过手动逐项输入个人相关信息，也可以通过输入学生的身份证号（学籍号）来自动匹配。这个身份证号码（学籍号）是注册“淘活动”平台的唯一账号。注册完成后学生和家长即可进行在线选择，根据兴趣爱好和需求来选择合适的、感兴趣的活动。“淘活动”平台支持条件搜索排序功能，学生和家长可以通过时间、价格、收费类型、活动区域等关键字段有选择性地进行搜索（见链接 3-1-2）。

链接 3-1-2
“淘活动”平台
家长操作视频

选择活动以后，可以在线支付活动费用。如出现报名错误或其他事由，需要撤销报名操作，平台允许在规定时间范围内由家长发起退款，并允许重新报名。如超过规定时间，也允许申请退费，但是平台会提示家长非正常时间退费3次，将被列入黑名单，今后将不能使用各项“淘活动”平台功能。家长发起取消报名后，后台资金原路返回，短信提示退费成功，将费用原路返还到支付账户。课程报名成功、课程撤销成功、退费成功平台均会发出相应消息提醒。

报名成功后，家长可以在线关注孩子上课情况，随时掌握孩子的行程轨迹和重点场所的打卡情况，同时可以及时查看签到考勤情况和活动照片。活动结束后可以查看孩子在整个活动过程中的评价雷达图，家长还可以对活动进行评价，共同参与构建和完善一份孩子专属的个性化活动成长电子档案。

其次，便利带队教师，掌控“一体化”活动进程。

活动前，教师先登录平台发布活动信息，包括活动时间、内容简介、参加对象、报名时间、缴纳费用、活动地点和注意事项等，实时查看报名情况。报名结束后，运用平台发送短信温馨提醒活动开始时间，确保学生准时、顺利参加活动。

活动开始后，教师可以在平台上电子点名，根据点名结果第一时间联系和反馈到家长，为学生的安全负责，确保学生能够顺利参加活动。同时，上传活动的影像资料供家长观看和下载。

活动结束后，教师会结合学生在活动中的表现，给出恰当的综合性评价并生成评价雷达图，提供给学生和家长查看。同时，可以及时查看学生和家长对活动的评价、建议和意见，从而进一步调整和完善活动的规划设计、组织开展等，努力提高活动的品质，让“淘活动”越来越受欢迎。

最后，便利活动管理者，管理“大数据”信息资源。

“淘活动”平台的构建，为区域“淘活动”的高效推进提供了技术支持。平台的管理人员登录以后，通过后台操作，可以处理流程变更、创建删减用户、用户角色权限分配等。新学年开始后，更新升级学生用户基础数据，包括学生升级或转班、班主任更换等。平台用户所注册的学生学籍号与区、市教育局的学生学籍管理系统打通，实现一人一账号且唯一，不仅便于管理，还有效保障注册用户的网络安全性，也为活动数字化奠定一定基础。

通过后台管理，可以查看青少年活动中心及学校场馆、社区等提供的所有活动信息和资源，还可以查看区域内学生参与“淘活动”的所有信息，包括名单、参加次数、争章表现、活动评价等。总之，这个“淘活动”平台汇集了区域青少年校外“淘活动”的全部资源，采用的云计算、大数据等技术可以为后续活动的有效组织和开展提供有用的参考价值，也为校外教育活动育人的数字化发展方向提供宝贵的借鉴。

“淘活动”平台为学生的校外活动提供了全方位的大力支持。平台不仅操作便捷、信息及时、内容全面，而且足迹留痕、过程分享，保留活动育人的完整档案。不论是参与活动的学生、家长，还是组织活动的教师和管理者，都是最大的受益者，都能从这个平台学习很多学校里、课堂上、家庭中学不到的东西，收获高质量、高效能的“淘活动”带给他们的快乐与成长。

三、“淘活动”平台创设的意义

“淘活动”平台的主要服务对象是学生、家长、入驻机构（学校、场馆、教育团队）、教育主管部门，平台的创设目的是为上城学生、家长创设个性化需求教育场景应用，打破传统学习时空壁垒，最大限度地满足“双减”背景下高质量校外教育的供给需求，同时拓宽课后服务资源渠道，扩展校内优质资源场地的服务群体和服务时间，搭建校外教育机构和有需要的学生、家长的供需桥梁，让其为学生提供更好的学习支持和导学服务。最终运用大数据实现课程资源的精准对标，实现区域“双减”数据管理共享。

1. 创新学习方式，实现时空资源共享共融

成长场景下“淘活动”平台的使用大大丰富了学生课后生活，并实现了对学生校外教育实践活动开展的科学指导和安全监管。首先，成长场景下“淘活动”平台的使用创新了学生学习方式，实现时空资源共融共享。学生根据需求自由支配时间，利用数智平台强大的数据共享功能，自主进行线上学习。同时，以“走出去”的方式，根据需求选择适合的学习空间，进行各类场景式、体验式、互动式、探究式校外教育实践活动。其次，“淘活动”平台的使用有效打破传统校内教育的空间限制，实现社交关系空间的延展，形成学习新共同体，实现不同年龄层次学生之间“线上＋线下”的接触和交流。使用“淘活动”平台的学生也可在个人数字空间自由进行评价反馈，把活动相关的体会突破时空上传，实现超越时空限制的交流与分享，适应数智时代成长需求。最后，“淘活动”平台将学生校外教育实践活动与少先队红领巾奖章争章活动、校内综合素质评价、校内课后服务系统、第二课堂场馆系统、星级家长系统等对接，实现了数据融通。依据学生日常的活动选择、实践积分、“五育”评分、成长报告等数据，即可形成个人数字画像。

2. 延展交流渠道，满足家庭教育未来需求

成长场景下“淘活动”平台的使用帮助家长解决课后孩子托管和活动选择困难的难题；方便家长检索并按需选择适合孩子发展的实践活动，及时了解和记录孩子成长过程。传统的校外教育中家长和校外教育机构的互动是在具体时间、具象空间中进行的，频次也相对比较低，而“淘活动”平台让家长更多地参与到校外教育的互动中，同时突破了时空限制。家长可在平台中自主选择符合自己孩子或家庭所需的个性化活动课程，且时间可以依据个性化需求自主进行支配。另外，平台的实时评价反馈功能也让家长摆脱原本时空的约束，让家长可以通过网络和老师进行不间断的互动，持续有效地进行

各种教育信息交流，并根据孩子个人数字画像更科学地了解孩子需求，做好个体化的成长规划。“淘活动”评价数据采集如图 3-1-4 所示。

图 3-1-4　“淘活动”评价数据采集

3. 联动优质资源，提升校外教育服务品质

教育部 2022 年工作要点中强调：深度推进“双减”，继续把“双减”工作摆在突出位置、重中之重，巩固成果、健全机制、扫除盲点、提升水平、维护稳定、强化督导。进一步提高学校作业设计水平、课后服务水平和课堂教学水平，健全课后服务经费保障机制，拓宽课后服务资源渠道，开展课后服务精品课程资源推介。成长场景下的“淘活动”平台，使用了信息化手段工具，让更多的校外机构能够加入校外服务队伍当中，获得更有效率的渠道，连通有需要的学生和家长，扩展校内优质资源场地的服务群体和服务时间，实现活动课程资源和场馆资源的对接。“淘活动”平台的入驻机构管理端维度如图 3-1-5 所示，平台根据用户线上的反馈入驻机构须对自身活动课程进行调整，实现平台服务机构对自身活动的科学化管理，不断提升课程质量和师资水平，提高家长的满意度。

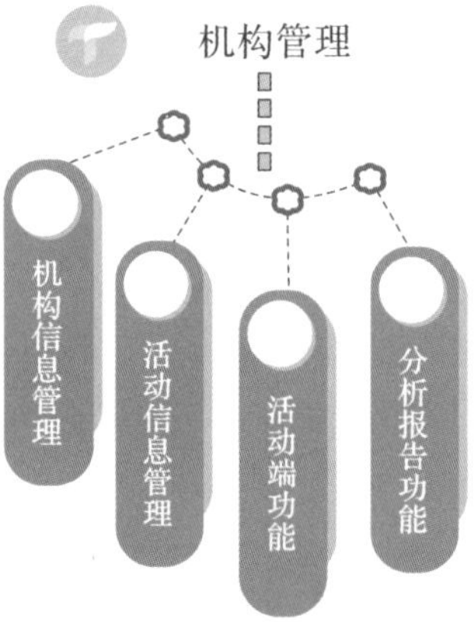

图 3-1-5　“淘活动”入驻机构管理端维度

4. 共享区域数据，探索智慧教育时代范式

“淘活动”平台的开发和使用，将优质校外资源共享给了区域内学生、家长，通过数智平台识别并推荐优质机构、课程、教师，实现与校内课后服务系统的有机融合，实现上城区资源统一与共享。有效解决民生问题，打造民生实事项目。有效激活多部门活动资源，提供给区域内学生、家长更丰富优质的青少年校外教育“淘活动”选择机会，提高政府部门管理效率和社会满意度。另外，“淘活动”平台将学生参与校外活动的参与度和活动表现等信息进行采集、分析并逐级汇聚，形成学生个人或整体校外教育发展性的数据，实现区域“双减”数据管理共享，可有效促进数字社会的发展（见图 3-1-6）。

图 3-1-6　“淘活动”可视化平台

第二节
引领实践育人的课程体系

⊙

"双减"政策作为新时代深化教育改革创新的重要举措，从根本上说，是要给孩子"松绑"，给家长"松绑"，回归育人初心，让更多的孩子从题海战术中走出来，从学科培训中解放出来，让美好的假期走向大自然，走进生活，走向未来。学生及家长对教育需求的不断膨胀，给予了校外教育大有可为的发展空间，杭州市上城区青少年活动中心积极践行辐射引领校外教育的使命，全力引导"线上 + 线下""淘活动"课程的迭代升级和个性化发展，以推动教学模式"蝶变"，打造良好的教育生态，主动承担起引领校外教育实践育人的社会责任，连接未来，使优质校外教育资源发挥更大的教育功能。

一、"淘活动"课程供给侧迭代升级

"双减"政策推行后，上城区学生对于校外教育的需求大幅度提升，但当前校外教育体系依然无法满足学生对校外教育学习的个性化需求。"淘活动"

课程的迭代升级，为“互联网 +”校外教育高质量发展提供了新思路。

1. 供给侧改革是增强“淘活动”课程生命力的必然选择

近年来，青少年校外教育实践活动供需矛盾日益显现。尤其是“双减”政策推行后，校外教育实践活动资源供需错位、匹配度不高的问题更加突出。

首先，活动内容欠丰富，品质良莠不齐。“双减”政策的推行让学生从繁重的作业中解脱出来，进而有充分的课后时间培养兴趣爱好。相较于学生对校外素质教育服务供给提出的新要求，目前的校外教育实践活动还缺乏整体思考和规划设计，存在着内容缺乏、专业性不强、品质良莠不齐的状况，远不能满足“双减”背景下青少年对高质量校外教育的需求。

其次，活动信息较零散，供需匹配度不高。由于组织开展青少年校外教育实践活动的机构各自为政，学生和家长获取信息的渠道较为单一，获得的信息也比较零散，且部分公益场馆（机构）未设置符合青少年身心发展特点的活动项目，降低了校外教育实践活动阵地的吸引力和参与的趣味性，最终导致供需匹配度不高。课后“去哪儿玩”“玩什么”成为困扰青少年的问题。

最后，校内校外缺衔接，评价体系不健全。与校内的学生综合素质评价相较，学生参加的校外教育实践活动内容更丰富、形式更生动、个性化程度更强，本可以与校内评价共同构成更具整体性和客观性的学生综合素质评价，却由于绝大多数校外教育实践活动一方面缺少评价研究，另一方面又未与校内评价接轨，导致活动的记录及评价功能不全。

“淘活动”课程的出路在于坚持以学生需求为导向，淘汰不合时宜的落后课程模式，运用“互联网 +”思维改善原来的校外教育生态，优化“淘活动”课程的供给结构，即以学生成长场景需求构建校外成长活动圈，建立“线上 + 线下”的时空学习体系，有效串联区域内校外教育资源，将供给侧改革的思路与范式嫁接和迁移到数智时代校外教育改革之中。发挥“淘活动”课程在校外教育实践活动中的价值，必须从满足受众需求出发，革新和调整现有课程供给端，在供给侧改革视域下完成“淘活动”课程迭代升级，让更多优质的适销对路的课程产品供给创造出强劲的受众需求。

"淘活动"课程的迭代升级依据"双减"政策精神，围绕核心素养目标，基于区域特色和不同学生的实际需求，依托成长场景下家园社区、学校场馆、社会机构三个校外成长圈体系，设计三个层次的校外教育实践活动课程，分别是聚焦基本能力的普修课程、聚焦兴趣体验的选修课程和聚焦个性发展的特修课程，以促进区域内学生全面而有个性地发展（见图 3-2-1）。

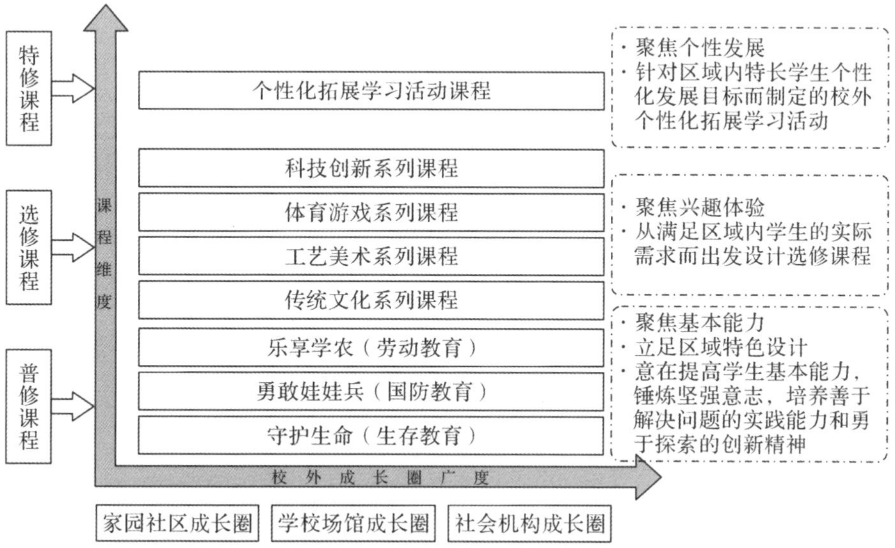

图 3-2-1　杭州市上城区青少年活动中心校外教育课程架构

2. 以供给侧改革为动力增强"淘活动"课程生命力的路径选择

"淘活动"课程能否在校外教育中唱主角，成为引导上城区校外教育的风向标、领航员，决定性因素就看其课程的吸引力强不强、平台影响力大不大。区域内学生的现实需求给杭州市上城区青少年活动中心"淘活动"课程升级、信息传播与资源配置等方面带来前所未有的挑战。"淘活动"课程必须依托丰富而富有品牌价值的课程资源，发挥数智平台优势，构建成长场景下校外成长圈学习体系，搭建多元复合的师资培育模式，在"淘活动"课程的供给端不断发力，切实增强“淘活动”课程生命力。

首先，坚持“内容为王”，升级区域品牌课程。优质的课程永远是学生所需要且喜欢的。以打造区域品牌课程为切入点，增强有思想、有温度、有品质的“淘活动”课程的有效供给，增强课程的品牌生命力。“淘活动”课程升级，以基于红色研学旅行课程和宋韵文化传世课程的研发为契机，在原本“玩转假期”“社团拓展”“研学旅行”“幸福家庭日”四大品牌活动基础上，开展红色基因传承教育，打造富有上城宋韵特色的育人活动，引导青少年学生开阔视野，厚植爱国主义情怀，形成正确的世界观、人生观、价值观。如，以红领巾学院建设为载体，充分利用“红色根脉”宝贵资源，联动校内外德育实践基地，开发红色研学旅行课程，设计发布上城红色育人地图，建设 100 节红色思政微队课，寻访 100 个红色文化基地，开发 100 个线上红色资源包，讲述 100 个红色党史故事等，开展红色基因传承教育，培育有理想、有本领、有担当的时代新人，打造具有上城辨识度的德育品牌。又如，依托区域南宋皇城、钱塘江古海塘、德寿宫等文化遗址，以及清河坊历史文化街区、览桥历史文化街区等历史文化资源，设计宋韵线路，优化“15 分钟步行研学圈”，根据各阶段学生知识、能力、身心发展水平确定研学课程目标，开发南宋爱国主义、民俗传统文化、“非遗”文化传承三个篇章宋韵文化研学课程，让宋韵文化成为区域教育特色文化内核，增强区域软实力。

其次，坚持“渠道为要”，迭代数字智能平台。在“互联网 +”时代背景下，校外教育也必须全面升级信息技术水平，以打造数字平台为着力点，整合各类资源，扩展传播途径，创新校外活动开展的样式，提高校外教育生命力。自 2017 年“淘活动”平台推出以来，已经为 78000 余人次青少年提供了丰富多彩的校外研学体验活动。“双减”政策推行后，上城区又着力推动“淘活动”平台迭代升级，以构筑“成长场景下校外成长圈学习体系”为着力点，进一步整合区内校外教育资源，拓展学习空间，再造“线上 + 线下”数智学习模式，延伸学习广度。作为 2022 年区民生福祉行动项目，截至 2022 年 6 月 30 日，“淘活动”平台已完成 2.0 版本的迭代升级（见图 3-2-2）。

图 3-2-2 “淘活动”平台迭代

“淘活动”平台的建设，为上城区中小学生构建了校外成长圈，引导上城孩子“走校、走馆、走社会”，让“双减”政策实实在在落地。上城区在读中小学生学籍号（身份证号）作为每位学生唯一的“淘活动”账号，系统自动对接杭州市学籍库管理系统。家长可以通过各类移动设备的微信入口，输入孩子学籍号（身份证号）即可登录平台，一键“淘”到自己喜爱的研学活动，实现“线上报名 + 线下实践”的完美结合。报名成功后，平台自动生成课表，并根据学生预留手机号码定时推送活动相关信息，切实解决学生、家长实际需求，做到“一次都不用跑”。

对于“一键淘”，杭州市清河实验学校四年级学生格格的妈妈感受颇深。她说：“自从有了升级后的‘淘活动’平台，我们家每天有了新话题。我们时不时要登录平台看看最新推出的课程和活动，生怕错过。‘淘活动’平台课程丰富有趣，避免了原本周末盲目的选择。场馆入驻前，青少年活动中心都经过充分调研，让我们非常放心。而且，一键完成选课、报名、缴费等程序，太方便了。”

最后，坚持“人才为本”，营建师资培育模式。“淘活动”课程的竞争关键是人才优势。“淘活动”平台注重多元复合的师资队伍打造，挖掘区内优秀德育骨干教师成立区域红色研学课程、宋韵文化课程开发研究小组，组建红色研学课程、宋韵文化课程专家团队、研究团队，完善教研机制。充实中心校外教育课程实施参与志愿者队伍力量，包含教师、公安、医生、社会组织、家长志愿者、企事业优秀青年代表等层面，成立红色研学课程、宋韵文化课程导师团，优化课程辅导队伍结构，为德育活动课程建设、实施提供丰富多元的师资保障。截至 2022 年 8 月，“淘活动”已建立三个层面的师资队伍：第一层面是各中小学优秀骨干教师，第二层面是聘请第二课堂文教人员及各行业优秀执业者为“淘活动”校外辅导员，第三层面是借助区域内中小学优秀青少年成立“小志愿者服务队”。

二、成长场景下“淘活动”课程

1. 家园社区成长圈课程

家园社区成长圈课程包含“幸福家庭日”和“家园小主人”两大类型课程（见图 3-2-3）。

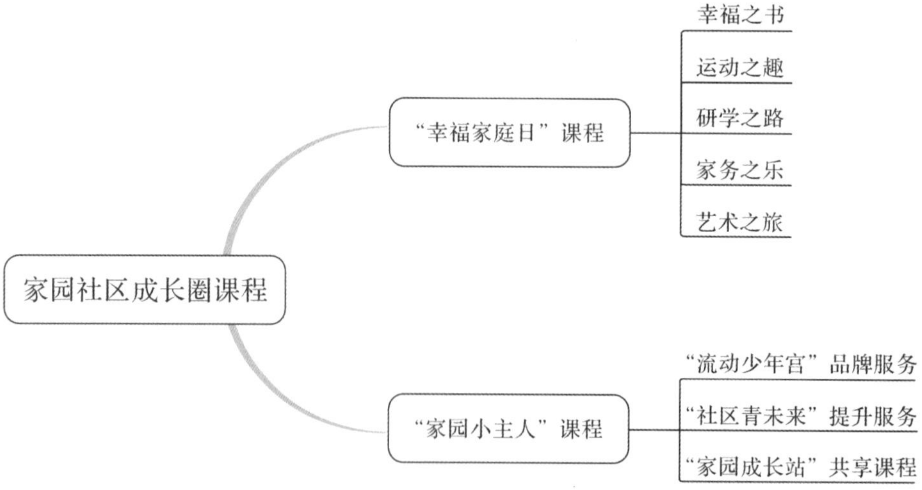

图 3-2-3　家园社区成长圈课程框架

第一类课程：“幸福家庭日”课程。

陪伴是最长情的告白。童年是美好的，也应该是快乐的，高质量的陪伴是孩子快乐成长，健全人格的重要来源。“双减”政策一经发布，杭州市上城区教育局党委书记、局长项海刚便向全体家长发出倡议书，倡议大家每周一天家庭日，陪伴孩子成长，让孩子感受最快乐的童年（见链接 3-2-1）。“幸福家庭日”课程便是由此而来。

链接 3-2-1 上城区教育局局长倡议：家长每周一天家庭日，陪伴孩子成长宣传报道

“幸福家庭日”课程由杭州市上城区青少年活动中心科学规划，有效组织，其课程目标为：学生在父母的陪伴下走进自然，融入社会，体验和感受集体生活，培养爱好、特长，提高基本生活技能、自主合作探究学习素养、实践创新能力，形成对社会主义核心价值观的价值认同，促进社会实践参与的内化，打造健康的生理和心理状态，形成对自我、对他人、对社会、对国家的责任意识和担当，促进其身心健康发展。它是通过学生及家长自发选择相关课程或通过相关机构组织的集体活动等开展的探究性学习和体验性活动相结合的校外综合实践活动。

结合上城区实际区情，“幸福家庭日”主要确定了三条基本思路来架构课程：一是围绕“五育融合”，发展核心素养；二是基于本土资源，形成区域辐射；三是立足生活课堂，强化实践运用。按照此思路，“幸福家庭日”课程共开发了“研学之路、幸福之书、家务之乐、艺术之旅、运动之趣”五大类课程，课程内容不进行学段的细分，所有课程上传“淘活动”平台，各学段的孩子均可根据自己需要在“淘活动”平台上选择适宜的课程。（见图 3-2-4）

图 3-2-4 “幸福家庭日”课程架构

实施“幸福家庭日”课程，开展“幸福家庭日”活动，旨在发挥亲子陪伴下的“幸福家庭日”课程在拓宽育人途径、转变学习方式、改进实践育人工作、创新人才培养模式等方面的作用，厚植学生家国情怀，增强学生社会责任感，提高学生创新精神、实践能力和人文素养，促进学生德智体美劳全面发展，培养“身心健康、品质优秀、学业上乘、素质全面、个性鲜明”的上城学子。

案例 3-2-1 “我在红巷学党史”：幸福家庭日活动

杭州市大学路小学创设了以“我在红巷学党史”为主题的幸福家庭日活动。整合区域内丰富的红色资源，将“敢为天下先，甘为孺子牛”的红巷精神，形成亲子型研学课程。结合15分钟圈红色研学地图，开启“我在红巷学党史”研学旅行活动。

【研学路线】

中共杭州小组纪念馆—毛主席视察小营巷纪念馆—钱学森故居—全国爱国卫生运动纪念馆—龚自珍纪念馆—杭州近代教育史陈列馆（求是书院）—郁达夫杭州故居“风雨茅庐”

【中共党小组纪念馆】潮起钱塘　星火燎原

通过亲子共同实地参观，感受传统文化和声、光、电等现代科技化手段相结合的展示手法，生动再现了浙江省第一个党的地方组织——中共杭州党小组创建、发展、壮大以及最终形成燎原之势的全过程。

行中任务：

• 将学习置于真实的情境，重温浙江省第一个地方党组织的光辉创建史。

• 以红领巾讲解员身份，向家长讲述“背后”故事，增强对革命人物、革命事迹的宣传和认知。

【毛主席视察小营巷纪念馆】重温记忆　红脉植根

亲子共同参观“西子情缘”“视察纪实”“后人忆往”“小营故事”“梦想之路”五大篇章，感受1958年毛主席来到小营巷的历史场景，了解爱国卫生运动的重要性。

行中任务：

• 沿着毛主席走过的路，家长和孩子分享过去的故事和感受，亲子共同用绘画、标语、小报等进行宣传。

• 熟读、记诵《七律二首·送瘟神》红色诗词。

【名人文化场馆】一文一化　润物无声

亲子共同走名人场馆，了解钱学森、郁达夫、龚自珍的生平事迹，认知名人，了解名人文化，并且把名人文化与日常的生活学习相联系；通过理论学习、实践体验培养队员爱国爱家乡的情感，增强队员的自豪感和责任感。

行中任务：

• 将学习置于真实的情境，走进名人先贤们居住的环境，将先贤作为学习、生活的楷模，争做优秀的社会主义接班人。

• 熟读、记诵《己亥杂诗》二首、《病梅馆记》等。

（杭州市大学路小学 红领巾学院课程）

案例 3-2-1 中所呈现的“幸福家庭日”亲子红色研学活动，以场馆中多样化的展示手段、丰富的展品为内容，营造出常规教室无法提供的特殊教育情境，以浸润式的方式分享红色故事，感悟红色精神，让学习者在其中通过与展品互动获得真实而深刻的体验，让真理与信仰在亲子行走和共享间升华。

“幸福家庭日”课程既不同于国家规定的校内必修的基础性课程，也不同于各级各类学校自主研发的专业性拓展课程，其作为一种强实践性、综合性和亲子沟通性的课程和活动，有其特殊性。它倡导在实践中探究、在探究中运用、在运用中学习。其有效实施有助于消除学校和社会的壁垒，打通知识世界与生活世界的联系，解决家庭生活中的亲子矛盾，为学生提供丰富多彩的探究情境、多种多样的学习机会、富有挑战的课程活动，为家长提供更为丰富、更为科学、更为生活的实践场景，使课程回归生活的本位和课程的原点。

第二类课程：“家园小主人”相关课程。

社区是生活的家园，是青少年成长的重要空间，也是城市文化融合、市民凝聚力和幸福感提升的重要场所。2019 年，浙江省政府工作报告首次提出“未来社区”这一概念。杭州以打造更多更具归属感、舒适感和未来感的新型城乡功能单元为出发点，掀起了未来社区建设高潮。作为家园的小主人，青少年群体当然可以在社区这个空间中获取成长养分。杭州市上城区青少年活动中心梳理社区活动空间、资源，打造的学生成长场景下的“家园小主人”相关活动、服务和课程，这是构建“淘活动”平台家园社区成长圈的重要路径，也是代表未来社区发展方向的风向标。

杭州上城区青少年活动中心创设“家园小主人”社区成长圈课程，旨在服务全域青少年，依据社区现有课程选择广度、实施程度和开发效度确立了“流动少年宫”品牌服务、“社区青未来”提升服务和“家园成长站”共享课程三个路径来架构“家园小主人”课程内容（见图 3-2-5），以品牌活动为载体，以帮扶指导为手段，以共享共建为目标，加快社区教育共同体建立，成立课程开发协同机制，打造社区特色课程开发智库，提升社区育人服务能力，实现课程多元的育人目标，全力打造“家园小主人”青少年社区生态教育品牌，让上城学子在参与社区活动体验过程中自主参与社区创新创变，增强其对家园社区的归属感、责任感，树立良好的社区规范。

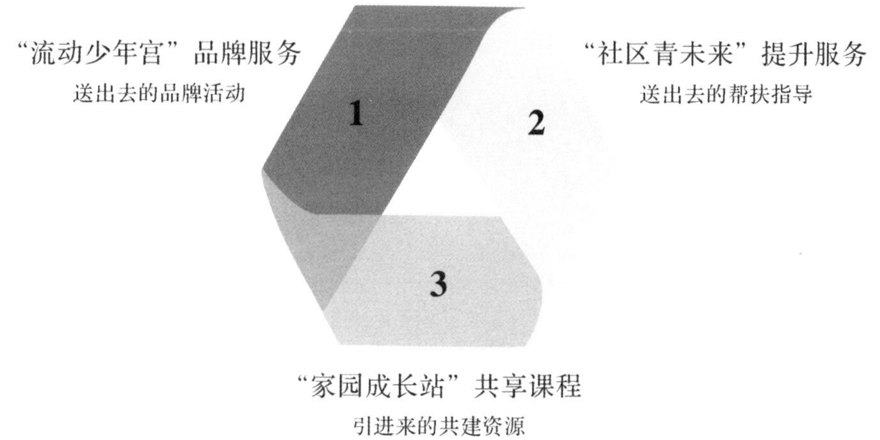

图 3-2-5 “家园小主人”课程实施路径

“流动少年宫”品牌服务是指杭州市上城区青少年活动中心在社区开展的活动与课程。杭州市上城区青少年活动中心充分发挥自身独特的资源优势，发挥“流动少年宫”品牌优势，围绕核心素养目标，向基层社区送去区级“五育”特色社团活动和课程等优质校外活动资源。以 2022 年暑期“流动少年宫”活动为例，共计开展 80 余场，共有 4500 余名上城学生享受到了这项优质校外服务（见表 3-2-1）。

表 3-2-1　2022 暑假上城区青少年活动中心“流动少年宫”进社区青少年俱乐部安排表（部分）

日期	序号	时间	青少年俱乐部	地 址	负责教师	活动内容
7月1日上午 周五	41	9:00—11:00	北落马营社区	北落马营新村1幢旁卫生院二楼活动室	王佐洪	航模制作
	42	9:00—11:00	凤凰社区	凤凰社区会议室	曲真	主持舞台星
	43	9:00—11:00	东坡路社区	萱寿里 17 号 4 楼	万老师	漫游博物馆
	44	9:00—11:00	大学路社区	大学路新村 36 号二楼活动室	吕莉	宋韵剪纸
	45	9:00—11:00	老浙大社区	翰林花园 2 幢比邻驿家	严洤	盘纸立体小花盆
	46	9:00—11:00	葵巷社区	叶家弄 6 幢	游晓婷	宋韵团扇制作
	47	9:00—11:00	吴山路社区	仁和路 35 号 a	沈晓程	微型风筝
7月1日下午 周五	68	14:00—16:00	春江社区	春江花月映霞苑 3 幢 2 单元 2 楼	潘晓颖	趣意杭绣
	69	14:00—16:00	清河坊社区	太平坊巷 3 号	金冬	趣味杯垫刺绣
	70	14:00—16:00	西牌楼社区	建国南苑 18 幢	郑冰滨	百变超轻黏土
	71	14:00—16:00	马市街社区	大王庙巷 3 号	陈忠发	书法团扇
	72	14:00—16:00	复兴街社区	复兴南苑 32 幢旁	杨洁	马勺绘画
	73	14:00-16:00	红菱社区	红玉路 8 号	曹海丽	神奇热缩片

注：每场活动人数不超过 20。

“社区青未来”提升服务是以学生未来成长需求为导向，通过杭州市上城区青少年活动中心积极推动社区与多方资源对接，建立“社区 +”成长共同体，优化原本社区特色课程，实现社区课程开发工作专业化提升。如凯旋街道坚持开设“凯旋少年 阳光成长”暑期夏令营，钱景社区、五福社区将志愿服务与少先队相结合，建设“爱心小屋”“时间银行”等红领巾志愿服务体系等，都是在“社区青未来”提升服务下获得优质提升的社区特色课程。

案例 3-2-2 “凯旋少年　阳光成长”暑期夏令营启动仪式暨“宋 YUN”游园会活动方案

一、活动时间

2022 年 7 月 21 日（周四）下午 14：00

二、活动地点

街道综合服务中心三楼（启动仪式）

街道综合服务中心二楼（宋运体验活动）

景芳未来社区幸福邻里坊（宋韵体验活动）

三、主办单位

指导单位：杭州市上城区青少年活动中心

主办单位：凯旋街道办事处

协办单位：景新社区

四、参加人员

1. 拟邀请区相关领导（关工委、共青团等）

2. 拟邀请街道领导：街道党工委副书记许涛，党工委委员、办事处副主任张琴娟，党工委委员张乐，工会主席、关工委常务副主任周传海、四级调研员胡洁娴

3. 街道群团组织负责人

4. 各社区团干及青少年

五、活动流程

主会场

1.“暑期活动宝典”颁布，介绍暑期夏令营活动内容

2. 领导致辞

3.“走读新上城 funline 行动”团建共建结对仪式

4.“宋韵 @ 未来”宋韵体验点揭牌

5. 宣布暑期青少年社会实践活动启动

分会场：

“‘凯’启宋 YUN 时光”快乐大篷车

宋运：

投壶、射箭、锤丸、陀螺等体验活动

宋韵：

宋韵团扇制作、宋韵活字印刷、过江布二十四节气染布、点茶体验、香篆体验、古琴体验

六、活动准备

1. 各社区请组织好 5 名青少年（建议 7—12 岁）准时参与，当天活动名单于 7 月 19 日中午前上报，活动当天提前半小时到达会场

2. 根据防疫要求，参会人员须提供 48 小时核酸阴性报告，请提前进行核酸检测，并佩戴好口罩

3. 摄影摄像、宣传报道由项目组负责

“凯旋少年　阳光成长”暑期夏令营创立于 2013 年，已经拥有 10 年的成长历史，是上城众多社区中历史最悠久、最受上城学子欢迎的社区特色青少年活动。杭州市上城区青少年活动中心作为活动指导单位积极推动社区与多方资源对接，建立“社区 +”成长共同体，优化活动与课程，为青少年提供更多优质服务。从 2022 年的活动方案中我们不难看出，活动紧扣解码宋韵文化基因，演绎宋代生活美学主题，带领凯旋青少年通过体验投壶、斗鸡、毽球、沙包、点茶、香篆、古琴、过江布扎染、活字印刷、宋韵团扇制作等活动，追寻“宋韵迹忆”，沉浸式感受宋韵文化。同时从活动的地点来看，全新打造的景芳文旅服务中心，也将成为街道“宋韵 @ 未来”宋韵课程的研学基地，拓展了孩子们未来教育成长的场景。

“社区青未来”提升服务将通过“社区 +”共同体的联动，更好地提升社区自身设计、开发、组织活动的综合能力，实现共赢。

“家园成长站”共享课程是指杭州市上城区青少年活动中心联动辖区场地资源、人才资源、课程资源为全域社区共享共建的课程。如将学校资源“引”进社区，推动教师参与社区公益活动，引进社会公益组织，吸纳益米之家、心灵书屋“众筹”资源，创设社区共享课程，同时给予学生更广阔的平台，将实践收获在更大舞台进行展示，实现“走”出去的目标，从而达到更大区域资源的交换与共融。

上城区多年来积极推进社区青少年校外服务工作的实践，努力探索社区活动的上城模式，利用双休日、节假日积极开展玩转系列活动、社区少先队活动、流动少年宫活动、宋韵文化体验活动等各类青少年喜闻乐见的校外教育实践活动，极大地丰富了全区青少年社区成长活动，充分发挥了社区作为思想道德建设阵地、文娱活动平台、科普活动场所、交流学习空间的重要作用。

上城区“家园小主人”社区成长圈课程开展具有五大特色，如图3-2-6所示。

特色一是通过“包清工”式的管理让机制更有效。杭州市上城区青少年活动中心统筹建立了上城区“家园小主人”社区成长圈课程工作领导小组，明确了相关部门和人员的工作职责，建立联建共育机制。同时，发挥街道、社区的组织优势，组建一支“五老”（五老指老干部、老战士、老专家、老教师、老模范）志愿辅导员队伍，做好人员配备、经费保障等各项工作。

特色二是通过“点对点”式的服务让效果更明显。杭州市上城区青少年活动中心积极推动学校与所在社区对接，实现社区与辖区内的学校共享共建，使社区青少年教育工作更专业化。同时，通过“点对点”的方式将服务送至社区，并选派专业教师组织开展社区“家园小主人”社区成长圈课程活动。

特色三是开发“万花筒”式的课程，让活动更丰富。丰富多彩的活动内容是“家园小主人”社区成长圈课程最大的生命力。“淘活动”结合时事，以俱乐部为载体，为学生成长场景提供与时俱进的活动体验。如，在八卦田社区俱乐部里，艾绿环境发展中心组织开发设计的“鱼儿快跑”沉浸式游戏，

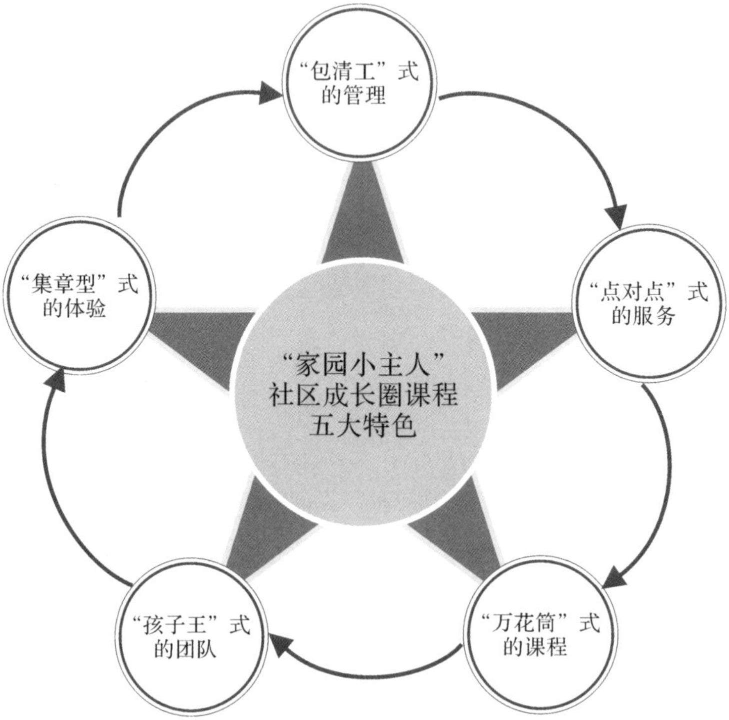

图 3-2-6　“家园小主人”社区成长圈课程特色

让学生在游戏过程中感知节水、护水、治水的基本知识；在清波社区俱乐部里，“非遗”大师们为社区青少年送上别具一格的“非遗”文化大餐，让学生了解了“非遗”所蕴含的丰富的文化底蕴。

特色四是建立“孩子王”式的团队，让服务更专业。为了消除家长的后顾之忧，每年寒暑假，杭州市上城区青少年活动中心都会选派 100 余名年轻而充满活力的志愿者教师进驻上城区各个社区，将服务做到实处。除了精干的青年教师志愿者团队外，“淘活动”还积极拓展和高校的直接协作，选派优秀的高校大学生志愿者加入服务团队，为“家园小主人”社区成长圈课程助力。

特色五是通过“集章型”式的体验让收获更精彩。“淘活动”将社区“家园小主人”社区成长圈课程活动与社区少先队工作有机整合在一起，加入了争活动体验章等激励措施。各社区都会根据区少工委提出的服务章、自理章、自护章三大争章主题设计有趣好玩又极具社区特色的争章体验活动。学生在自己熟悉的成长场景中获得技能，分享喜悦，集齐六枚不同时间段的章后就可以升级换得一枚"家园小主人"章，这一举措有效提高了少先队员参与社区活动的积极性，同时也实现了对社区"家园小主人"社区成长圈课程组织活动的督促。

2. 学校场馆成长圈课程

学校场馆成长圈课程包含"学校场馆"和"活动中心公益'淘'"两大类课程。它是杭州市上城区青少年活动中心通过梳理青少年活动中心、区域内各级各类学校的实践活动场馆及课程资源，立足"突出重点、优化结构、服务区域、适度综合"原则，筛选出的一批具有地域特色的学校实践活动场馆和具有校本特色的实践活动课程。课程通过"淘活动"平台整合发布、定向推送，在周末及假期向全区中小学生开放。上城区将学校"淘活动"完成人次纳入一年一次的学校发展评估中，着力打造校内校外一体化活动新模式。

第一类课程："学校场馆"课程。

自国家发布"十三五"规划起，上城区就一直在谋划如何在区域层面打通资源，把学校做成一个学习中心，让全区孩子享受到各校资源，为孩子实现更丰富的差异化学习提供机制保障。而"淘活动"平台助力实现了"每校一特色"资源共享。目前，"淘活动"平台已上架 89 所学校的近百项实践活动课程，主要分为四大类。

一是实践探究类。实践探究类活动课程（见表 3-2-2）的开发旨在通过不同的活动，改变学生原有的单纯接受式的学习方式，形成能充分调动、发挥学生主体性的主动的、探究的学习方式，使学生在研究性学习、参与性学习、体验性学习和实践性学习中，实现知识与技能、情感、态度与价值观的整体发展。同时，促使学生在获取知识的过程中积极主动参与、乐于探究、勤于动手，提高收集和处理信息的能力、解决问题的能力，以及交流与合作的能力。

表 3-2-2 “淘活动”平台实践探究类活动课程

学校名称	课程名称
浙江省杭州第六中学	“方寸乾坤”篆刻社团
浙江省杭州第六中学	素描社团
浙江省杭州第十中学	尚义击剑
杭州市江城中学	小工匠体验活动
杭州市惠兴中学	遥控赛车入门
杭州市开元中学	Python 趣味编程
杭州市杭州中学	探索与发现
杭州市钱学森学校	钱学森纪念馆
杭州市建兰中学	悬浮在空中的风火轮
浙江省教育科学研究院附属实验学校	旋转吧足球
杭州师范大学东城实验学校	梦想课程
杭州师范大学东城中学	东城中学巨星科技工厂
浙江师范大学附属杭州笕桥实验中学	笕实创客梦工厂
浙江师范大学附属杭州笕文实验学校	彤悦农场田园课程
杭州市笕弘实验学校	城市田园实验室（百草园）
杭州市采荷中学	天马行空科技馆
杭州市丁荷中学	创客中心
杭州市澎扬中学	小轮车体验活动
杭州市丁兰实验中学	绿色生态体验园
杭州天成教育集团	禁毒教育基地
杭州市艮山路学校	“米其林”课程
杭州市采荷实验学校	人机互动英语听说课程
杭州市胜利实验学校	上城区少科院创客社团
杭州市天长小学	天长数学小实验体验中心
杭州市金都天长小学	奇迹创意 STEAM

续表

学校名称	课程名称
杭州市凤凰小学	悦耕园种植体验课程
杭州天地实验小学	“玩转童话”戏剧体验
杭州市娃哈哈小学	好玩的篆刻
杭州市蒋筑英学校	“未来科学 +”探究厅
杭州市江锦小学	创意木工坊
杭州市濮家小学	211 生命探秘中心
杭州市茅以升实验学校	桥梁小工程师
杭州市景华小学	安全小达人 自救我最行
杭州市笕桥花园小学	凌霄创客中心
杭州市四季青小学	“小绿鹰”科学体验馆
杭州市夏衍小学	屋顶生态园
杭州市澎博小学	钱塘青少年法治学习体验中心
杭州市澎致小学	STEAM 五坊一空间
杭州市澎汇小学	动感地带
杭州市丁兰第二小学	呦呦·中医药研学中心
杭州市丁兰第二小学	创意搭建空间

二是“非遗”传承类。“非遗”是指各族人民世代传承的，与群众生活密切相关的各种传统文化表现形式和文化空间，包括民俗活动、表演艺术、传统知识和技能以及与之相关的器具、实物、手工制品等。我国的“非遗”种类繁多，内容丰富，它们在各个领域中逐渐形成了特色鲜明的文化符号。“非遗”传承类活动课程的开发旨在落实当前我国正在大力推行的保护传统文化的基本策略，配合新课程改革，逐渐形成国家、地方、学校三方协调的教育体系，拉近学生与“非遗”的距离。例如杭州市饮马井巷小学是上城区首批非物质文化遗产传承特色学校，在“淘活动”平台上便申报了“‘非遗’游活动”项目作为区域校园场馆课程。“‘非遗’游活动”分年段以微型风筝、

软陶捏塑、人文扇绘制、天竹筷子制作等内容作为实践体验项目，同时创设融媒体等小记者方式将学生作品上挂至“淘活动”平台进行展示。让上城学子在区域内享受优质课程资源，通过手工体验感受艺术性再现，让孩子们在一笔一画、一刀一刻、一针一线中了解古老技艺的前世今生、领略传统文化的独特魅力，也让“择一事，终一生”的工匠精神近距离打动少年的心。

三是情景体验类。情景体验类活动课程重在使学生完完全全地参与到学习过程中，使学生真正成为学习的主角。教师的作用更重要的是利用那些可视、可听、可感的教学媒体努力为学生做好体验开始前的准备工作，让学生产生一种渴望学习的冲动，自愿地全身心地投入学习中，并在亲身体验过程中掌握知识，提升能力。以杭州市清河实验学校推出的“中秋‘览’宋韵”课程为例，该校在中秋佳节夜晚邀请家长和学生在古风满满的情景中，以异彩纷呈的 PBL 项目式学习，体验传统文化风俗之美，以“独一无二”的古风市集经营过程，体验摊贩销售的快乐，以亲子古风游园的方式，拉近家长与学生之间的距离，共享月光下的幸福（见表 3-2-3）。

表 3-2-3 “中秋‘览’宋韵”课程 PBL 项目式亲子体验课程项目

活动分类	项目
宋韵亲子体验课程	书法之美——亲子牛皮袋书法作品制作
	绘画之美——亲子手绘灯笼制作
	风物之美——亲子扎染丝巾制作
	风物之美——亲子拈花团扇制作
	风俗之美——亲子中秋点心制作
	建筑之美——亲子虹桥搭建体验
清河宋韵古风市集	月下古风人物秀（摄影）
	亲子月下投壶
	中秋赏灯猜谜
	玩转古风夜肆

四是跨学科实践类、跨学科学习的本质特征是从多个学科的视角及学科关联的视角理解世界。跨学科实践类活动课程旨在帮助学生意识到：同一个事物、同一个问题可以从多个视角去理解。生产、生活中的许多问题都具有整体性，一个极小的问题也可能需要应用多学科的知识协同解决。以杭州市丁兰第二小学呦呦·中医药研学课程为例，学校从中医药这一传统文化入手，建设了呦呦·中医药研学中心，为学生中医药文化实践教育和中医药研究素养教育搭建了良好的平台。同时在配套课程资源的建设下，能让学生在探究与研讨中深入理解中医文化基本内涵，树立文化自信自强感，提升学生对中医药的学习兴趣。该课程包括主体课程和衍生课程两部分（见图 3-2-7）。主体课程选取了 6 大类共 36 种常见中草药植物，这 36 种草药以常见、易栽培、校园已植为特点，更易贴近学生生活，方便学生观察。课程配套的中草药学生手册，用于记录学生在学习过程中的困惑与收获。其中每册内容通过“认一认”“看一看”“议一议”“画一画”等形式，帮助学生学习中草药植物的识别技能，了解常见中草药的功效，加深对中医药基础理论和基本知识的了解。其中实践活动部分包括制作药膳、香囊、驱蚊水、艾条等日常常见的物品。将中医渗透入生活中，在认知和实践部分中均采用多学科融合方式多角度认知每种中草药，比如了解诗歌中描绘的荷叶、以绘画的方式为自己制作的驱蚊水打广告等，使得学生对每种中草药的认识过程不再刻板，这样也符合学生发散的思维模式，提升其对中草药的学习兴趣。

第二类课程：活动中心公益“淘”课程。

杭州市上城区青少年活动中心优化了区域校外教育网点布局，从资源开发、项目设计、学生服务等方面明确不同类型场所服务主题，在原有场地基础上，扩展育人场地及课程，逐步打造 5 个上城特色校外教育活动点——“宋韵文化”课程体验馆、“筑家”劳动体验馆、创客技术馆、红领巾学院、“勇敢娃娃兵”研学基地，开发活动中心特色场馆公益“淘”课程，促进区域内校外教育优质、均衡发展。

上城区红领巾学院于 2019 年 6 月成立，成立初期，明确培养目标，引导

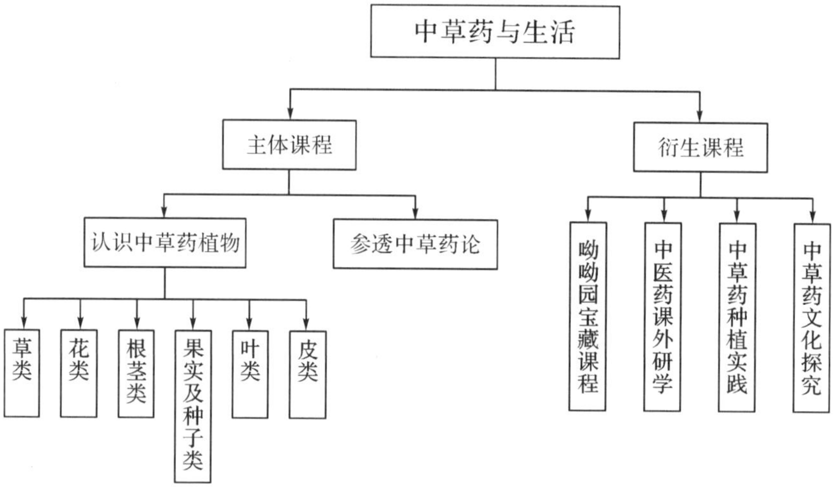

图 3-2-7 呦呦·中医药研学中心中草药与生活课程架构

广大少年儿童形成坚定的理想信念、高尚的道德情操、强烈的时代责任和全面的综合素养，构建行之有效的组织架构，拟订《上城区红领巾学院课程设置及实施方案》（见链接 3-2-2）。红领巾学院课程旨在培养少年马克思主义者和德智体美劳全面发展的时代新人，引导广大少先队员从小形成坚定的理想信念、高尚的道德情操、强烈的时代责任感和全面的综合素养。同时进一步提高少先队辅导员适应新形势、新要求的综合能力，促进上城区少先队工作的新发展，更有效地服务广大少年儿童的健康成长。

链接 3-2-2《上城区红领巾学院课程设置及实施方案》

在党团队一体化工作模式下，上城区红领巾学院创建了以党团员为主体的课程研究团队，共有校内外辅导员 500 余人，并整合区内外资源，构建核心特色课程内容，每年可为 100000 余名少先队员提供 100 余节“线上 + 线下”课程。多年来，上城区红领巾学院积极盘活校外实践资源，绘制了研学育人地图，发布了“走读新上城”十大研学路线，设置了 100 余个场馆基地作为研学“打卡点”，充分发掘自身文化，打造了具有上城特色的少先队品牌活动。

以上城区红领巾学院开发设计的“敢为天下先”红色研学路线为例，研学活动充分挖掘红色场馆历史文化底蕴，引导上城学子走出校园，通过个人、亲子、小队等形式参观红色场馆，聆听红色故事，参与红色宣讲，进行具有现实意义的生活体验，让红色教育有滋有味入脑入心。活动紧紧围绕“敢为天下先”主题，与红色场馆合心合力做细做实，结合场馆自身特色，设计研学实践活动内容，选派优秀的辅导员参与课程落实，充分发挥其校外青少年活动场所的育人功能。同时活动以任务单为导向，设计活动手册，引导少先队员在红色场馆中自主开展各项活动，引导少先队员运用更丰富的形式表达个人观点及感受，提升主题活动的时代性，培养少先队员“敢为天下先”的革命创造精神，引导学生主动适应社会，促进书本知识和生活经验的深度融合（见链接 3-2-3）。

链接 3-2-3
《红领巾研学之“敢为天下先”红色研学路线读本》

宋韵文化是以两宋文化为标志，经过历史扬弃，与中华文明当代发展相承接的文化精神。上城区“宋韵文化”课程包含两大类别，其一是包括学术思辨、文艺审美、科学技术、社会治理、日常生活五个维度的“学宋·宋韵”主题线上课程（见表 3-2-4）；其二是以《人物志》《风物志》《风情志》为篇章的“行宋·宋韵文化”校外研学课程。

表 3-2-4 学宋·宋韵主题线上课程清单

线上课程题目	类别
宋代点茶	文艺审美
宋服之韵	文艺审美
宋代木刻版画世界	文艺审美
我的宋代偶像	学术思辨
宋·千里之色	文艺审美

续表

线上课程题目	类别
宋韵美食记	日常生活
宋韵博物馆	日常生活
宋代年俗：“年来了”	文艺审美
古韵海塘	社会治理
宋韵科技	科学技术
思辨文学馆	学术思辨
宋代蹴鞠	日常生活
寻味江南	日常生活
古法造纸	科学技术
小小品鉴师	文艺审美

3. 社会机构成长圈课程

社会机构成长圈课程是指社会场馆和教育机构为区域内学生所提供的课程。

社会机构成长圈课程是基于区域学生核心素养提升的“五育融合”的实践性课程。培育学生核心素养归根结底需要通过课程建设和教学改革来实现，“五育融合”社会机构成长圈课程作为一种综合实践活动课程，倡导学生在行动中探索，在实践中体验和感悟，从而获得知识和经验，契合了学生核心素养培育的主题要义，是培育学生核心素养的一条重要路径；强化了学生的社会责任感、创新精神和实践能力，让学生在实践活动中更好地成长。正如美国教育家杜威所言，知识的获得不是个体“旁观”的过程，而是个体在与某种不确定的情境相联系时所产生的解决问题的行动，是主动探究的过程。基于这种实用主义的教育哲学，他强调学校教育应实现“三个转移”，即从以教师为中心转向以学生为中心、从以课堂为中心转向以活动为中心、从以教材为中心转向以经验为中心。

校外机构活动的课程架构不同于学校教育的课程开发。为了满足不同学校学生的需求，需要开发设计一系列各种类型、各种内容的课程。根据教育部《中小学德育工作指南》《中小学综合实践活动课程指导纲要》，以及杭州市委、市政府《关于深化基础教育改革建设“美好教育”的实施意见》、杭州市教育局《杭州市中小学“美好成长”计划实施方案（2018—2020）》、上城区教育局《上城区美好教育行动指南》等文件精神，结合上城区域特点，社会机构成长圈课程开发设计了三个系列活动课程，包括探索活动系列、实践活动系列和文化活动系列（如图 3-2-8、图 3-2-9、图 3-2-10 所示），供学校、学生和家长按需选择。

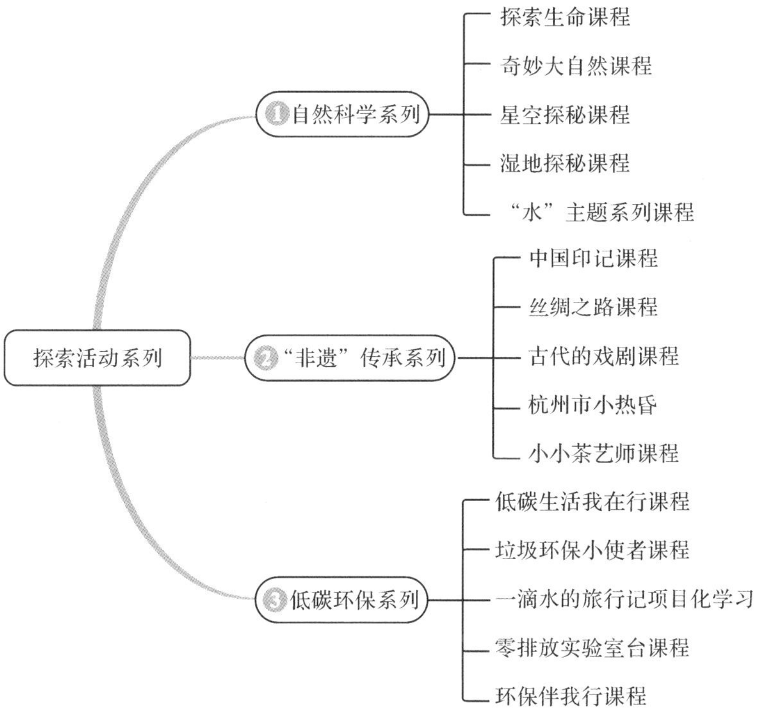

图 3-2-8　探索活动系列课程

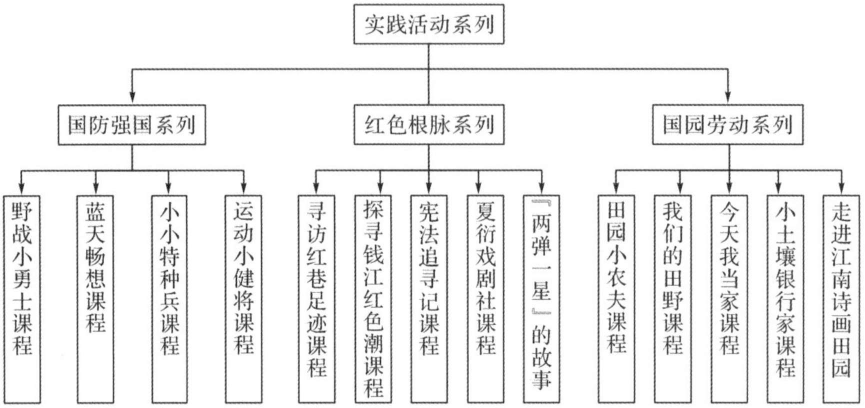

图 3-2-9 实践活动系列课程

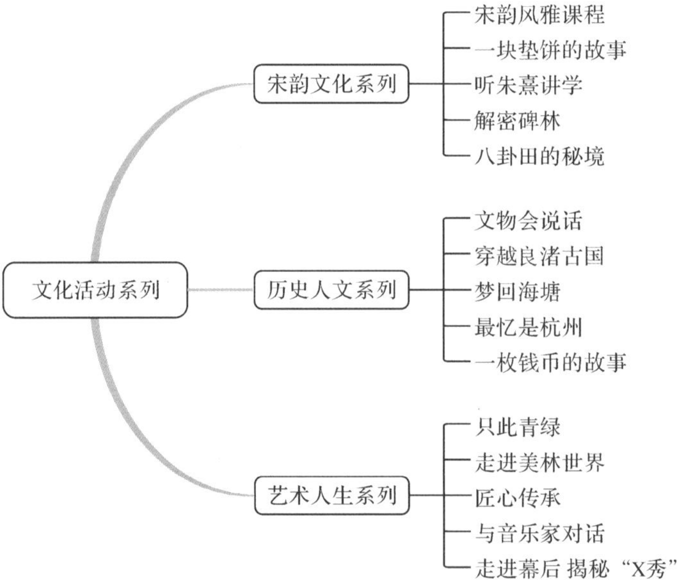

图 3-2-10 文化活动系列课程

社会机构成长圈课程三大类活动分别对应"中国学生发展核心素养"的自主发展、社会参与、文化基础三方面。课程的内容不进行学段的细分，各学段学生开展活动时可根据需要在"淘活动"平台上选择适宜的课程。

教育如何兼顾"大规模"和"个性化"，在实现公平的同时保证和每个人能力匹配，是传统教育无法实现的两个焦点悖论，“淘活动”平台将为此提供新的融合解决途径。

“淘活动”平台 2.0 版迭代升级后，依托现代网络信息技术，建立了一套精细、准确、规范的“淘活动”资源项目管理服务系统。通过这一系统整合活动资源，既可以对每个网格进行点对点的单独操作，又可以对多个网格进行点对面的多元操作，为辖区内的青少年提供多元化、精细化、个性化的服务。

“淘活动”平台根据学生需求推送个性化学习服务。比如，根据线上数智空间数字分析提供学生感兴趣的课程并进行推送，有效提高学生在线学习的兴趣，同时给予关注和监督，从而全面提升学生的个性化学习体验；又如，依托“淘活动”线上学习平台，提供微视频、PPT、课程讲义、案例分析、拓展资源等不同类型的学习资源，针对每个学生的学习需求，遴选最适合的学习资源并主动推送，有效提升学生的学习效果。相较于以往的在线学习系统，“淘活动”平台还突破了时空限制，教师、学生家长通过虚拟符号“共同在场”以实现时空回溯，通过互动评价跨越时空距离，随时随地通过数字空间开展互动，从而提高了在线学习效果。通过“淘活动”平台，学习者既能自主选择最适合自己的资源类型，也可以接收到根据需求“量身定做”的学习资源，实现个性化学习。值得注意的是，“淘活动”平台的学生需求端的推送服务分为按时推送、按内容模块推送、按个性需求订制三种模式，真正体现“以生为本”，满足学生数智空间学习需求，同时还强化虚拟空间同伴学习情感联结，以提升学生的沉浸式学习体验。

第四章

快快乐乐“淘”活动

和爸爸妈妈一起，大手拉小手，开启一趟亲子研学之旅，享受“幸福家庭日”；和小伙伴一起，加入一个独立营，走馆走校，学会生活、学会交往；和志愿者一起，学习一项“非遗”手艺、体验一日小小农夫、品味一回宋韵文化……上城青少年的假期生活常常是从登录“淘活动”平台“秒”一个活动开始的。快快乐乐“淘”活动，不仅给学生提供了假日的正确“打开方式”，也让家校政社各方力量都更好地参与到孩子的学习与活动实践中，共同见证孩子的成长。

第一节
@ 家园社区“淘活动”

⊙

中国著名教育家蔡元培先生曾说：“家庭者，人生最初之学校也。”对于个人而言，家庭教育伴随并影响着人的一生；对于整个国民教育体系而言，家庭教育是社会和学校教育的基础、补充和延伸。苏霍姆林斯基在《给教师的建议》中曾做过一个非常精妙的比喻，他把儿童比喻为一块未经雕刻的大理石，“想将它雕刻成型，并赋予其崇高的精神，使之体现出人类的理想”，需要家庭、教师、儿童所在的集体、儿童本人、书籍和偶然出现的因素等六位雕塑家共同作用，“其中第一位当数家庭”。因此，重视并强化家庭教育，让父母与校政社协同育人，才能真正“为孩子铺就成长的基石”。

家庭是一个人成长的第一环境。立足于家庭教育的重要性，“淘活动”平台以“更高质量的陪伴和更美好的家庭教育”为设计初衷和使命，基于在陪伴中促进儿童与父母共同成长的理念，发掘并整合家长、家庭与社区的隐性活动资源，科学规划、精心设计、有效组织，形成了具有地域特色、符合学生年龄特点和拓展学科教学内容的“@ 家园社区‘淘活动’”。

一、“幸福家庭日”，亲子共“淘”

《中华人民共和国家庭教育促进法》指出：“父母或者其他监护人应当树立家庭是第一个课堂、家长是第一任老师的责任意识，承担对未成年人实施家庭教育的主体责任……”“……青少年宫、儿童活动中心等公共文化服务机构和爱国主义教育基地每年应当定期开展公益性家庭教育宣传、家庭教育指导服务和实践活动……”“淘活动”平台在“亲子陪伴共成长”的理念引领下，发布、实施了引领家长增加陪伴时间和提升陪伴质量的“幸福家庭日”系列实践活动。

“幸福家庭日”系列实践活动包括研学之路、幸福之书、家务之乐、艺术之旅、运动之趣五个系列，每个系列下设若干子项目，并有明确的活动目标（见表 4-1-1）。

表 4-1-1　“幸福家庭日”活动目标表

主题活动	主题活动子项目	活动目标
研学之路	红色研学之旅	依托区域红色教育资源，让学生在精心设计的研学活动中聆听讲解员的讲解、实地参观红色教育基地的文物等活动，感受革命先辈的英雄业绩，让学生在红色环境中陶冶心灵，坚定共产主义信念，坚定继承光荣革命传统的信心
	自然探索研学之旅	以自然探索为主的研学活动，让学生亲近自然、走进自然、拥抱自然，在大自然中感受生命的神奇，感受生物的奥秘，感受季节的变幻
	科学达人研学之旅	充分挖掘生活中学生能够理解、想要探究的事物，扩展科学学习内容等，创设良好的探究环境，开展多种形式的科学活动，让学生从中获取科学经验、学习科学方法，培养学生对科学的兴趣
	馆藏探究研学之旅	让学生通过走进博物馆，近距离接触历史的“证据”，感知历史的本来面貌，在各种文物的探究中穿越历史的长廊，回到历史的“现场”，了解历史的痕迹，感受文化的魅力
	宋韵文化研学之旅	让学生感受生活中的宋韵、走进“宋韵”遗址，让宋韵文化慢慢融于新一代的杭州青少年的身心之中。在宋韵文化的熏陶和浸润下，杭州青少年的宋韵文化底蕴逐渐扎实、稳固，乃至显现

续表

主题活动	主题活动子项目	活动目标
幸福之书	心灵治愈系列	侧重于帮助学生治愈心灵创伤、完善健全人格，解决学生成长过程中经常遇到或可能遇到的一些情感问题，帮助学生培养面对困难和挫折的勇气和能力，锻炼学生内心的耐受力，让学生在阅读中潜移默化地习得解决问题的能力、维持良好人际关系的能力以及处理生活中各种问题的能力，逐步提高学生的情商
	亲子沟通系列	侧重于推荐能够帮助家长与学生进行有效沟通的书籍或影视作品，通过故事、影像传递价值观，为家长和学生提供了很好的交流渠道，避免了学生认为家长只会和他们说“学习”的尴尬
	文化浸润系列	侧重于引导学生在家长的陪伴下，在中华民族永远不能离别的精神家园——优秀传统文化的滋养下，感受中华文化的源远流长，感悟中华民族最深层的精神追求，感知中华民族的精神生活、精神支柱、精神动力和精神信仰
	科学探究系列	侧重于帮助学生在家长的陪伴下阅读科普类读物，培养对科学的兴趣，有效开发智力，为今后的探索打下基础
	哲学辩证系列	侧重于帮助学生在家长的陪伴下阅读哲学辩证类读物或观看影视作品，了解和接触哲学家的思考方式，在学生年幼的心中埋下思考的种子，获得自由思维的能力
家务之乐	美食小秘诀	鼓励和督促学生回到生活实践中去，热爱生活，懂得生活，通过生活小事的锻炼，能够自食其力，用行动来服务于家人，与家人共同热爱生活，享受生活
	收纳小窍门	旨在通过家长的陪伴，引导学生在活动中学会简单的收纳小技巧，方便学习和生活，逐步养成收纳整理的好习惯
	清洁小技能	旨在通过家长的陪伴，引导学生在活动中习得生活中基本的清洁技巧，体验动手实践的乐趣，学会有条理地学习和生活
	种植小妙招	旨在通过家长的陪伴，引导学生在活动过程中体验种植的乐趣，在成败得失间全纳收获
	养殖小攻略	旨在通过家长陪伴，引导学生在活动中感受成长的意义
艺术之旅	名家大师	让学生品读、鉴赏、聆听文化艺术经典，在充实文化底蕴、提高艺术品位、加深人文素养的同时，更体现了社会的文化艺术价值取向和教育的理想追求
	风俗风情	让学生深入了解一个地方土生土长的文化及传承，学会尊重不同的地域文化，尊重不同的风俗风情
	“非遗”文化	提高学生对文化遗产的认知水平和保护意识，更好地保护和传承非物质文化遗产

续表

主题活动	主题活动子项目	活动目标
艺术之旅	民乐演奏	通过参加团体或个人的民乐演奏，让学生感受中华民族音乐文化魅力，传承中华民族文化
	教育戏剧	家长和学生一起即兴创作，亲自体验，让学生在戏剧活动中认识自己、认识关系与社会
运动之趣	区域自然空间运动	在大自然空间开展体育锻炼可以增强体育活动的野趣，提高学生参加活动的积极性，启迪学生智慧，提高学生对环境的适应能力，培养学生自信、勇敢、乐于尝试、喜欢探究的学习品质
	校（公）园开放场地运动	开放校园场地，学生在熟悉的环境中能够更快进入高效有趣的体育锻炼和体育活动中，也能够更好地利用校园场地资源，实现资源利用最大化
	居家运动	拓展居家运动空间，不仅拓展了学生的运动空间，同时也借助运动架起了一座学生与家长之间沟通交流的桥梁

1. 同走一条研学路

亲子研学活动，既不是单纯的旅游，也不是单纯的学习，它是探究性学习与教育性旅行的融合，更是文化和旅游融合的最好载体。在中华民族的传统文化语境中，历来就有“读万卷书，行万里路”的“大学”思想。亲子研学，既是知行合一的过程，也是文化育人的过程。上城区几乎汇集了南宋都城临安皇城的大多数遗迹。“幸福家庭日——研学之路”以上城区丰富的宋韵文化遗存和场馆资源为起点，设计了“红色研学之旅”“自然探索研学之旅”“科学达人研学之旅”“馆藏探究研学之旅”“宋韵文化研学之旅”五大主题的精品研学路线。同时，针对各研学路线上的标志性景点（场馆）编制了详细的研学活动方案，指导家长和孩子共同商议“去哪儿研”“研什么”“怎么研”。研学活动方案中的基本信息包括研学地点的介绍、研学过程、研学目标、学习评价、成果展示等板块，指导孩子和家长一起设定研学目标、研学内容、研学线路，为亲子研学活动提供更灵活的规划和更丰富的资源。在行走、寻访中，播撒一颗种子，体悟丰富多元，让亲子陪伴更有品位，从而实现更强大的教育功能，助益孩子发展。

案例 4-1-1 中国丝绸博物馆非遗实践之旅

※ 场馆简介

中国丝绸博物馆位于浙江省杭州市玉皇山路73-1号，是全国性的丝绸专业博物馆，也是世界上最大的丝绸博物馆。博物馆主要职能是进行丝绸文物收藏、研究、鉴定、修复和保护；丝绸文化宣传、教育。占地面积42286平方米，建筑面积22999平方米，陈列面积5000平方米。1992年2月26日，中国丝绸博物馆正式对外开放，展示中国五千年的丝绸历史及文化。其基本陈列包括序厅、历史文物厅、蚕丝厅、染织厅、现代成就厅、丝绸厅、丝绸之路连廊、服饰厅、织造坊、新猷资料馆等多个展厅。中国丝绸博物馆重要藏品有战国对龙对凤纹锦、汉晋长葆子孙锦、北朝绞缬绢衣、唐代锦袖花卉纹绫袍、唐代花鸟纹刺绣夹缬罗、辽代盘金绣团窠卷草对雁罗、宋代杂宝花罗裙裤、元代印金罗短袖衫、清代黑缎地彩绣花卉动物纹绣鞋。截至2019年末，中国丝绸博物馆共计馆藏文物有67866件（套），珍贵文物有4642件（套）。

※ 研学内容

1. 参观路线：序厅→历史文物厅→蚕丝厅→染织厅→现代成就厅→丝绸厅→丝绸之路连廊→服饰厅→织造坊→新猷资料馆

2. 研学活动及目标：（1）观赏展厅的五千年丝绸文物的精华，了解从新石器时代到宋辽元时期丝绸发展的历史，观察明清丝绸皇家传世珍品及考古出土实物；（2）了解中国古代丝绸织染生产过程，从“工艺流程”“丝线加工”“机杼原理”“织机脉络”到“染色体系”全方面学习；（3）前往“学习园地”展区，提前预约手工制作，可在此动手制作丝绸工艺品，切身感受丝绸手工制作。

※ 行前准备

1. 物品准备：携带身份证，佩戴口罩。

2. 资料准备：可以在线搜索、关注官网，查询和了解相关资料。

3. 入馆预约：实行分时段实名预约参观（疫情防控期间：上、下午各限流 800 人，暂不接受团队参观），观众可进入“中国丝绸博物馆”微信公众号进行预约。

4. 公交路线和到达站点：乘 271 路、87 路、12 路、42 路、Y9 路至丝绸博物馆站。

※ 活动后拓展建议

1. 向家人介绍中国丝绸博物馆及其藏品，宣传中华丝绸历史及文化。

2. 向同学们展示自己在中国丝绸博物馆制作的手工作品。

（肖妘　杭州市饮马井巷小学）

从上述案例中可以看出，课程是研学实践活动成功的核心要素，研学活动方案是研学课程高质量开展的基本保障和重要标志。学生和家长一起设定研学目标、研学内容、研学路线等信息，以学生的发展为本，知道研学场地及其资源禀赋的内涵，为学生后期活动提供更广阔的空间，从而实现更强大的教育功能，更有利于学生发展。

2. 共读一本幸福书

在“淘活动”平台好书推荐栏目，每月都有不同的新书推荐。书籍分“心灵治愈系列”“亲子沟通系列”“文化浸润系列”“科学探究系列”“哲学辩证系列”等主题，向家长推荐亲子共读书目，每学期更新相应内容（见表 4-1-2）。推荐书籍除了展示基本信息外，还会邀请上城教育名师担任推荐人，有针对性地提供亲子“美好共读”指导策略。

例如，《毛毛》一书的推荐人是杭州市上城区青少年活动中心的施老师，针对该书，他给出了“四步”共读策略。第一步，家长可在闲聊中抛出问题：如果这个世界上有一个时间储蓄银行，时间像钱一样可以存起来，怎么存呢？你最不愿意节省的是下面哪一块时间？为什么？（学生可能会有各种回答，家长要适时提问，引导学生讲讲为什么）第二步，可在前面的基础上引出阅读话题：时间窃贼灰先生也是说这样的话来窃取人类时间的。第三步，可以和学生闲聊节约，达成共识：生活中并不是说要一切以慢为目的，而是要有计划、重效率，掌握好工作与休闲的节奏，更好地活出自己的光彩。第四步，家长和学生可以一起规划生活、学习，互相监督、互相督促，共同提高，不做被灰先生偷走时间的可怜人。家长可与学生自主选择，在阅读、观看中，分享彼此的感悟与收获，让亲子陪伴更有意义。

表 4-1-2 “淘活动”百本好书推荐目录（部分）

年段	序号	书名	版别	著译者
小学段	1	中国有了一条船	浙江少年儿童出版社	董宏猷 著
	2	中国有了共产党·写给青少年的党史	青岛出版社	邵维正 主编
	3	堆雪狼	湖南少年儿童出版社	皮朝晖 著
	4	爸爸变成甲虫飞走了	浙江少儿儿童出版社	彭懿 著
	5	品格的力量——8 位共和国勋章获得者的故事	浙江人民出版社	王路 章月珍 著
	6	少年南怀瑾	浙江教育出版社	徐茹 主编
	7	那片绿绿的爬山虎：肖复兴给孩子们的作文课	浙江人民出版社	肖复兴 著
	8	钟南山：生命的卫士	接力出版社	李秋沅 著
	9	夏天时要感谢冬天	新星出版社	[日] 岛田洋七 著 赵可 译
	10	深山点灯人	明天出版社	毛芦芦 著
	11	白色房间里的男孩	新蕾出版社	[德] 卡尔·奥斯伯格 著 邱袁炜 译
	12	牧羊男孩	中信出版社	[美] 凯瑟琳·吉尔伯特·默多克 著 刘勇军 译

续表

年段	序号	书名	版别	著译者
小学段	13	精灵大篷车	浙江人民美术出版社	[英]碧雅翠丝·波特 著 李剑敏 译
	14	黑与白的奇迹	南海出版公司	[美]蒂姆·克罗瑟斯 著 宋琦 译
	15	乌兰牧骑的孩子	浙江少年儿童出版社	鲍尔吉·原野 著
	16	故宫里的博物学·清宫海错图	中信出版社	小海 著
	17	中国人的历史：君子的春秋	新星出版社	申赋渔 著
	18	秦文君大奖小说爱藏系列：闪亮的萤火虫	浙江少年儿童出版社	秦文君 著
	19	女兵安妮	浙江少年儿童出版社	赖尔 著
	20	震撼人心的奇妙瞬间	浙江科学技术出版社	张康 编著
	21	狗来了	新蕾出版社	[奥]克里斯蒂娜·涅斯特林格著 杨立 译
	22	流浪狗奥利奥：黑夜骑手的眼睛	浙江少年鹅绒出版社	沈石溪 李花三吉 著
	23	绿珍珠	浙江少年儿童出版社	汤汤 著
	24	小狐狸买手套	江苏凤凰文艺出版社	[日]新美南吉 著 周龙梅 彭懿 译
	25	我的老师是侦探	南海出版公司	[日]东野圭吾 著 代珂 译
	26	黄蓓佳倾情小说系列——童眸	江苏凤凰少年儿童出版社	黄蓓佳 等 著
	27	奇幻章鱼国：身体保卫战	浙江少年儿童出版社	章鱼 著
	28	我是一个兵：少年陆战兵	浙江少年儿童出版社	八路 著
	29	遗憾的进化：2	南海出版公司	[日]今泉忠明 编 王雪 译
	30	中国古代神话：青少插图版	湖南文艺出版社	袁珂 著
初中段	31	迟到的勋章	浙江教育出版社	王龙 著
	32	红军长征史（青少年图文版）	万卷出版公司	张树军 杨婷 编著

续表

年段	序号	书名	版别	著译者
初中段	33	红岩	中国青年出版社	罗广斌 杨益言 著
	34	看见 5000 年——良渚王国记事	浙江古籍出版社	马黎 著
	35	月球峰会	浙江教育出版社	吴季 著
	36	偷心书店	北京联合出版公司	[瑞典] 卡塔琳娜·碧瓦德 著　康学慧 译
	37	人间草木：王华琪散文	浙江文艺出版社	王华琪 著
	38	写给青少年的中国历史	三秦出版社	吕思勉 著
	39	红星照耀中国（增导读）	人民文学出版社	[美] 埃德加·斯诺 著　董乐山 译
	40	文物中的化学	北京联合出版公司	周嘉华 著
	41	弃猫：当我谈起父亲时	花城出版社	[日] 村上春树 著 烨伊 译
	42	杭州优秀传统文化丛书：一座城市的精神传记	杭州出版社	陈华胜 著
	43	向阳生长	北京十月文艺出版社	曾剑 著
	44	醒来	浙江文艺出版社	海飞 著
	45	AI 觉醒	北京理工大学出版社	刘慈欣 等 著
	46	昆虫记	译林出版社	[法] 让 - 亨利·法布尔 著 刘莹莹 王琪 译
	47	几时归去 作个闲人：苏东坡传	湖南文艺出版社	白落梅 著
	48	让孩子像哲学家一样会思考	江苏凤凰文艺出版社	张玮 沈文婕 著
	49	你当像鸟飞往你的山	南海出版公司	[美] 塔拉·韦斯特弗 著　任爱红 译
	50	艾青诗选	中国友谊出版公司	艾青 著
	51	边城	北京十月文艺出版社	沈从文 著
	52	名人传	译林出版社	[法] 罗曼·罗兰 著 傅雷 译

续表

年段	序号	书名	版别	著译者
初中段	53	给青年的十二封信	浙江文艺出版社	朱光潜 著
	54	水浒传	译林出版社	施耐庵 著
	55	平凡的世界（普及本）	北京十月文艺出版社	路遥 著
	56	儒林外史	天津人民出版社	吴敬梓 原著 周之凡 改写
	57	朝花夕拾	江苏凤凰文艺出版社	鲁迅 著
	58	孩子们喜爱的国宝故事	浙江人民出版社	毛晓青 著
	59	突出重围	长江文艺出版社	柳建伟 著
	60	茶馆	浙江教育出版社	老舍 著
高中段	61	失落的卫星：深入中亚大陆的旅程	文汇出版社	刘子超 著
	62	逆流而上：刘媛媛的成长课	湖南文艺出版社	刘媛媛 著
	63	在细雨中呼喊	北京十月文艺出版社	余华 著
	64	最后的灯塔	现代出版社	[意] 保拉·扎诺内尔 著 张燕燕 储可凡 译
	65	戴老师魔性诗词课	北京联合出版公司	戴建业 著
	66	中国文脉	北京联合出版公司	余秋雨 著

亲子阅读是一个建立良好亲子关系的重要载体，亲子是手段，读书是目的。“‘淘活动’百本好书推荐目录”展示了上城亲子共读的对象全龄段、内容全面化和阅读逻辑的完备性。亲子阅读不仅积淀了知识，提升了双方的文化修养，更是起到了建设良好亲子关系的作用。

3. 共品一回家务乐

劳动创造美好生活。进行劳动教育，家庭是一个极其重要的阵地。如何在家庭生活中让学生树立“我能行”的自信？其实很简单，力所能及的家庭劳动就能让学生找到自信、找到满足。和家长一起准备一顿美味的晚餐，进行一次高效的整理，亲手种植一株植物、养殖一种小动物……当家务劳动在潜移默化中融为学生生活的一部分时，学生会因自己能够为分担家务劳动而感到自豪，同时认同自己的责任和义务；当学生体会到干家务所须付出的辛苦和无奈时，他才能真真切切体会到家长为这个家操的心和付出的辛劳，从而通过亲身感受产生对家长真挚的敬意。

“幸福家庭日”家务之乐活动分为“美食小秘诀”“收纳小窍门”“清洁小技能”“种植小妙招”“养殖小攻略”五个系列。上城区中小学生均可以通过“淘活动”平台自主制订家务劳动计划，共享家务劳动计划单，在家长的协助下，通过平台进行家务劳动打卡，冲击“家务劳动好评榜”，争得“家务劳动星级章”。家长与学生共同分担家庭责任，共享劳动成果，不仅能更好地培养孩子的劳动意识、劳动技能、劳动精神，也让亲子陪伴更有温度。

4. 共赴一场艺术旅

想象力和好奇心是童年的重要组成部分，艺术教育是发展想象力和好奇心的最佳途径之一。“幸福家庭日”的艺术之旅借力社会资源，争取多方合作，一方面连接各个艺术场馆和大学校园，定时更新音乐会、绘画展的展馆信息；另一方面以课外活动为阵地，采用校内与校外、校本与社团相结合的方法，打造了汇集“名家大师”“风俗风情”“‘非遗’文化”“民乐演奏”“教育戏剧”等全方位、多角度、立体化的艺术素养培养活动体系，让学生在活动中受到艺术教育，在活动中结出艺术成果，在活动中获得全面发展。家长可以和孩子在“淘活动”平台自主筛选，在艺术滋养中感受多元艺术的魅力，培育艺术文化的底蕴，让亲子陪伴更加丰富多彩。

案例 4-1-2 非遗艺术之旅

在杭州，有这样一位民间艺人：吹着糖，从北方一直走到江南，甚至还走到国外，最后把杭州作为沉淀技艺的地方。他就是杭州的民间艺人鲁立清。巧手工作室是由鲁立清老师领衔的体验非遗实践活动的工作室。鲁老师精通吹糖人儿、面塑、皮影戏等；他的妻子王老师是一位剪纸民间艺术家，两位都是有绝活的主儿。聪明细心的你，认真请教，定会掌握很多非物质文化遗产。撸起袖子，动手体验，相信你的作品定会让人啧啧称奇，期待你的表现！

※ 体验项目之一：巧手剪纸

剪纸是中国古老的民间艺术之一。剪纸是一种镂空艺术，在视觉上给人以透空的感觉和艺术享受。体验活动以纸为加工对象，以剪刀（或刻刀）为工具进行创作，实践过程中通过谐音、象征、寓意等手法提炼、概括自然形态，构成美丽的图案。

※ 体验项目之二：糖画

糖画是一种传统民间手工艺，以糖为材料来进行造型。糖画是糖塑艺术中比较有特色的民间技艺，原料来自人们可以食用的白糖，经过熬制到一定的火候经过艺人比较娴熟的绘画艺术，在一块铁板上瞬间就画出一幅精美的作品，既可以欣赏又可以食用，是孩子们最爱的工艺。

※ 回家实践拓展：了解市本级国家级非遗代表性传承人（市本级国家级非遗代表性传承人 9 人：安忠文、周志华、沈凤泉、胡正华、李自新、刘树根、宋志明、郑云飞、徐晓英）

※ 活动地点——巧手工作室

※ 报名指南：可以登录微信公众号“上城区青少年活动中心”，点击底部“淘活动”平台，报名参加体验活动，报满一定家庭户数开展活动。或拨打巧手工作室鲁老师电话查询和了解相关资料。

（杨钰　杭州市凤凰小学）

非物质文化遗产是世界各族人民世代相传，流传下来的各种传统文化表现，所以它也可以被称作“文化遗产”。案例 4-1-2 中体验的剪纸和糖画，就属于非物质文化遗产。学生在家长的带领下，通过亲手制作一幅糖画、巧手制作一张剪纸，寓教于乐，在感受传承与创新之美的同时，回归精神家园，与家长共同体验一段身心合一的天伦时光。

5. 共享一场运动会

孩子对父母的依恋是与生俱来的，良好的依恋状态能让亲子间的感情得到升华。而感情是由交流堆积起来的，和孩子一起运动，可以在共同提高身体素质的同时，促进亲子间的交流，使亲子关系正向发展。健身更健心，是“幸福家庭日”运动之趣的核心设计原则。基于此原则，收集区域空间资源，因时因地，为家长提供“天然氧吧”毅行线路、“四季风情”登山地图（见图 4-1-1）、“最美绿荫”骑行跑道等亲子户外骑行（跑步）路线；整合校园、公园等开放场地，为家长提供家门口的田径类、投掷类、球赛类、民间游戏类户外运动场地动态更新地图；拓展居家运动空间，为家长提供“一平方米健身操”“十分钟小运动”“零基础体适能”等运动视频（见链接 4-1-1）。

链接 4-1-1
居家亲子运动视频

家长可以和孩子根据家庭的实际情况，商议并确立共同的运动目标，在“淘活动”平台上“淘”运动指南，运动打卡。小步提升、大步行进，让亲子陪伴更有力量。

陪伴是最长情的告白。“幸福家庭日”让上城区的中小学生周末、节假日获得家长陪伴的时间更多了，亲子关系更和谐了，德智体美劳各方面的素养也在亲子活动中得到较为全面的发展。

二、美好社区行，“淘”进社区

2015 年，《教育部关于加强家庭教育工作的指导意见》（教基一〔2015〕10 号）印发，明确提出了“构建家庭教育社区支持体系”的宏观目标。社区作为基层社会治理的基本单元，是家庭的聚集地，是儿童社会化的直接环境，

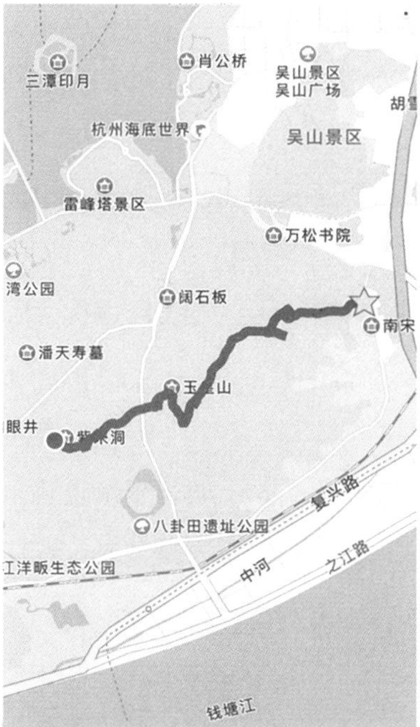

· 路线描述：万松书院—老虎洞—凤凰山—将台山—玉皇宫—玉皇山顶
· 时长：全程2小时左右
· 对象：适合五到十岁的孩子

· 路线描述：玉皇山顶福星观—老玉皇宫—南观音洞（玉皇山脚）
· 时长：全程1.5小时左右
· 对象：适合五到十岁的孩子

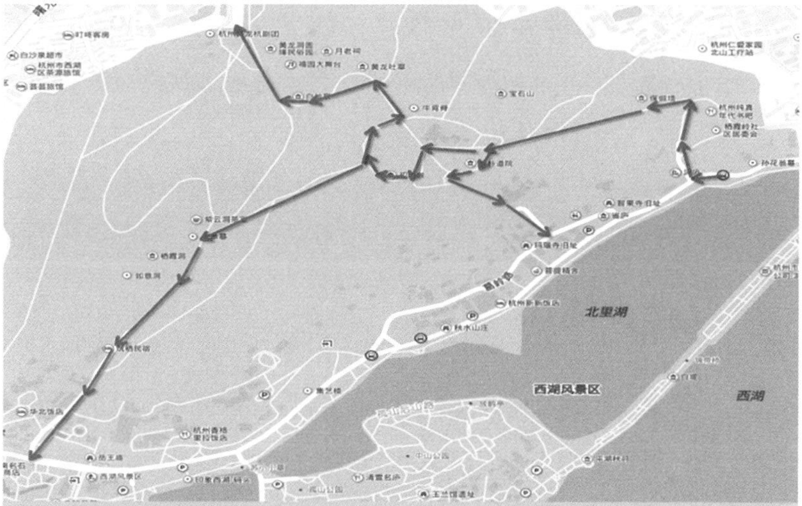

· 路线描述：葛岭（栖霞岭）—初阳台—黄龙洞（岳庙）
· 时长：全程1.5—2.5小时
· 对象：适合五到十岁的孩子

图 4-1-1 “四季风情”登山地图

能更直接地对接家庭与儿童的需求。开发社区的家庭教育支持功能，不仅能有效提升家庭教育质量，更有利于进一步完善学校、家庭、社会的协同育人机制。挖掘社区潜在活动资源、唤醒社区内在动能，是健全“三位一体”家庭教育社区支持体系的关键步骤。“淘活动”平台聚焦协同育人，积极探索社区育人的多种路径，构架起制度化、常态化的“家园小主人”活动体系。

1．家门口的“活动网络”

上城区地处杭州市区中南部，下辖 14 个街道，201 个村社，常住人口 132 万，其中户籍人口 84 万，在籍学生 15 万余人。上城居城市之要、承文脉之重、领活力之先，19 公里黄金江岸线串起高端产业发展主轴，钱江新城二期满载国际化大都市未来想象，胡庆余堂、南宋皇城遗址等一大批优质公共文化资源享誉全省。“淘活动”平台立足杭州市上城区青少年活动中心“流动少年宫”品牌活动，整合社区青少年俱乐部和区内不同类型的优质公共文化资源，通过“流动少年宫”品牌服务进社区、帮扶社区青少年俱乐部开展“社区青未来”提升服务和引进优质公共文化机构共建“家园成长站”共享课程三种路径，让上城中小学生在家门口就能“淘”到丰富多彩的校外实践活动。

路径一：“流动少年宫”品牌服务进社区。办好人民满意的教育，其根本是要全面贯彻党的教育方针，落实立德树人根本任务，加快建设高质量教育体系，发展素质教育，促进教育公平。杭州市上城区青少年活动中心以“流动少年宫”的形式，将优质的校外教育活动资源向基层社区输送，通过“淘活动”平台统一发布，让广大青少年儿童在家门口免费享受到优质的校外素质教育服务。流动少年宫先后走进了上城区域内白马庄社区、景华社区、华家池社区、东坡路社区、涌金门社区、马市街社区、江锦社区等 50 余个社区和街道，累计开展跆拳道、航模、绘画、舞蹈等课后服务活动 100 余场，服务惠及青少年超万人。

路径二：帮扶社区青少年俱乐部，开展好“社区青未来”提升服务。通过“社区青少年俱乐部自主申报—杭州市上城区青少年活动中心审核准入—‘淘活动’平台统筹发布”的实施路径，形成四个维度的“社区青未来”活动群。即以小营巷社区“我是小管家”为代表的生活服务类实践活动，以三叉社区“我是小主播”为代表的现代消费类实践活动，以钱塘社区“全媒体小记者”、濮家联合社区“航空达人”、华家池社区“航天育种”等为代表的科技创新类实践活动，以太庙社区“趣味粽编”、清河坊社区“趣味杯垫刺绣”和候潮门社区“南宋趣史”为代表的宋韵文化传承实践活动，让上城青少年在家门口就能“淘”活动，免费享受到高品质的校外素质教育服务。

路径三：引进优质公共文化机构，共建“家园成长站”共享课程。“淘活动”平台积极对接区域内能为少年儿童身心健康成长创造良好社会环境的优质公共文化机构，如图书馆、博物馆、科技馆、展览中心、红色教育基地、劳动教育基地、文化传承基地、职业体验基地、妇女儿童活动中心、推广中心（站、点）、村（社区）儿童之家等，合作开发体育、艺术、科技、综合实践等活动，满足学生兴趣特长发展的需求。

案例 4-1-3 “淘活动”& 平安银行合作项目：大有“钱”途财商课

人民币是什么？人民币从哪里来的？人民币有什么用？孩子们在成长过程中是否也会有这样的疑惑呢？我们是否要给孩子们从小建立正确的金钱观？

随着我国经济不断发展，居民总体收入不断攀升，越来越多的人产生学习金融知识和提升财商素养的兴趣及需求。“淘活动”平台秉承真正的财商教育是关于财富观、人生观、幸福观的经济学教育理念，结合2022年金融知识普及月要求，与平安银行合作，引进了大有“钱”途财商课程，带孩子们以游戏的形式去学习、了解钱币的来源、种类和功能。

（平安银行　杭州分行）

在案例 4-1-3 大有“钱”途的研学活动中，孩子们通过聆听讲座，参与互动游戏和现场观摩，在玩中学会了团队合作交流、培养了理财能力和观察能力，树立了正确的金钱观和消费观，养成了良好的理财习惯，学到了管理金钱的能力，懂得了“取之有道，用之有度”的大学问。

2. 家门口的“争章矩阵”

在建立社区青少年活动网络的同时，“淘活动”还积极探索、发挥社区的基层少先队组织阵地作用，指导建立社区大队部，开展校外“红领巾奖章”争章活动。活动通过“社区大队部争章项目申报—区少先队总辅导员审核—‘淘活动’平台统筹发布”的实施路径，以杭州市少先队校外争章体系为指导，要求各社区大队部在寒暑假期间推出自理章、自护章、服务章争章活动，且每枚奖章的争章活动不少于两次（能力强的社区大队部可以不限次数），也就是每位少先队员在一年里至少可以参加六次社区争章活动（同一时间段内的同一类别奖章只算一枚），由此形成了上城少先队员家门口的“争章矩阵”（见图 4-1-2）。

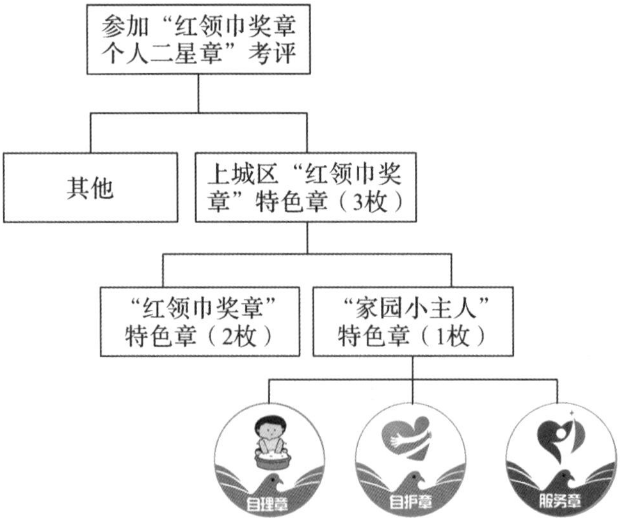

图 4-1-2　社区大队部“争章矩阵”

按照区少工委的统一要求，队员集齐六枚奖章即可升级换得一枚“家园小主人”特色章，每两枚“家园小主人”特色章可以换得一枚上城区“红领巾奖章”特色章。拥有三枚上城区“红领巾奖章”特色章是推荐参加红领巾奖章个人二星章考评的必要条件之一。

案例 4-1-4 小营巷社区大队部争章项目方案

【方案 1】

活动主题：亲自动手、感受年味

活动目的：为丰富社区青少年儿童的寒假生活，点亮快乐寒假，让青少年了解中国传统节日的来历，同时提高他们的动手能力和沟通互助能力，开展年味活动

活动时间：寒假期间均可完成

活动地点：青少年自己家中

活动对象：社区青少年

活动人数：20 人

活动过程：

青少年在自己家中寻找过年气息；做一件与春节相关的事情，可以是除夕帮助家长包饺子、元宵包汤圆、写宋韵书法等形式，开学前交到社区

争章类别：自理章（按时参与、完成活动即可获得）

【方案 2】

活动主题：用电安全我知道

活动目的：了解用电常见安全隐患，培养安全用电意识，掌握常用的用电知识和隐患处理方法，认识生活中的危险标志，知道 119、120 等常用的应急电话

活动时间：暑假期间，每周三下午

活动地点：小营巷社区

活动对象：社区青少年

活动人数：20

活动准备：PPT、视频

活动过程：向青少年宣传安全用电知识，普及危险标志，以问答的形式让他们知道119、120以及触电、断电、浓烟、着火等情况的预防和处理方法

争章类别：自护章（按时参与、认真聆听并完成问答挑战即可获得）

【方案3】

活动主题：爱卫小先锋

活动目的：通过巡查“洁美东河”活动，让孩子发现存在的问题，增强环保意识

活动时间：双休日

活动地点：小营巷社区东河边

活动对象：社区青少年

活动人数：20

活动准备：垃圾袋、火钳、手套

活动过程：介绍东河概况；出发到东河，沿路线进行巡查；发现垃圾及时清理并劝导不良行为，同时宣传保护东河

争章类别：服务章（按时参与，活动过程积极主动、文明劝导，完成活动即可获得）

（上城区小营街道小营巷社区）

从案例4-1-4可见，社区大队部的争章实践，将青少年社会性适应的教育内容，如生命健康教育、爱国卫生教育等的宣教与少先队的假日小队活动相结合，转化成相应的自理章、自护章、服务章“争章”活动。每一个章目有相应的争章目标，如自理章要求“自己的事情学会自己做，养成爱劳动的好

习惯，主动承担家务劳动，增强生活自理能力”，自护章要求“学习安全知识，掌握一些安全常识，增强队员安全意识，知道事故的预防和救护方法，远离危险，避免伤害”，服务章要做到“增强队员关心他人、关爱社会的意识，在集体里坚持自己的岗位，有服务他人的意识和能力”。争章活动在“淘活动”平台常态化发布，全区少先队员可以结合自身的需求，自主选择，实现在家门口“人人有活动，天天可争章”。

第二节
@学校场馆“淘活动”

⦿

利用好学校的教育资源，指导学校开展更优质的课后服务，满足学生多样化需求，让课后和假期的学校成为与同学伙伴一起“淘”的实践活动中心，推动“双减”工作落到实处，办好人民满意的教育，是“淘活动”又一重要职能。本着“公益为先，孩子为本，活动育人”的宗旨，“淘活动”对区域内各中小学校的特色实践育人空间进行梳理，鼓励各校把学校特色活动上架到“淘活动”平台并利用课后和假期时段与全区学生共享，打破学校固有边界，让区域内中小学生能分享到更多、更丰富的校外实践活动资源。

一、一校一馆假日“淘”

天长、胜利、采荷、濮家、崇文、建兰、采实……说起上城区，杭州老百姓随口就能报出几家老牌名校。区内学校不乏“优等生”，但上城思考的不仅是“让家家门口都能有好学校”，更是要打破学校的围墙，让上城的孩子人人都能在区域内共享好学校的好教育、好课程。近几年，上城区持续加大教育配套建设经费投入力度，在精雕细琢校园建设的同时，围绕既有资源和独特历史，探寻每所学校有一项特色假日活动或共享教育空间（“每校一特色”）的建设之路，落实“双减”政策，更好地实现以美育人、以文化人。

1. 每所学校都有一项假日特色活动

为凸显各校的“每校一特色”，上城的学校通过统筹挖掘社区的文化设施、公共用房、楼顶花园等资源，有效利用周边的博物馆、科技馆、美术馆，打造了资源整合、技术赋能、共建共融的未来教育场景，并探索创建了以片区为单位的学习场域；通过改进基础设施，系统规划了一批体育场馆、学习中心、创新实验室，建设以学生为中心的现代化学校，实现片区内学校的资源共享。区内每所学校都十分重视校园文化建设，持续优化校园空间布局，科学设计校园景观空间、厕所文化空间、托幼一体化空间，有效提升了校园文化的育人作用。当然，“每校一特色”项目入驻“淘活动”平台，学校须先向平台提出入驻申报，并经平台审核、实地考察，符合《“淘活动”平台项目（场馆）评估考核制度》要求，方可获得入驻资格。

一直以来，上城区始终围绕育人目标，全面构建“立德树人、五育融合”的育人体系，建立健全家校政社协同育人机制，满足学生全面而有个性的发展需求。在这样的背景下推出的“淘活动”之“每校一特色”板块，激励全区中小学通过四方合力，创造性地开发出假日活动、校本活动、校外实践等有机统一的活动课程，并整合体育、美育、劳动教育等，研发出一批特色实践活动课程，为上城孩子“玩转周末”“玩转假期”提供丰富的活动课程保障，极大地丰富学生的课后生活，将“双减”落在了实处。

2. 一个学校就是一个假日实践活动场馆

自国家发布“十三五”规划起，上城区就一直在谋划如何在区域层面打通资源，把学校做成学习中心，让全区孩子享受到各校资源，为孩子实现更丰富的差异化学习提供机制保障。“双减”政策出台以后，上城区更以“淘活动”平台为载体，联动各学校场馆，实现“每校一特色”课程资源的共享，打造了具有上城特色的课后托管共享课程圈和假日伙伴实践活动圈，真正采取实现“走校、走馆、走社会”的有力举措。

近年来，在课后或假期，和同学伙伴一起去喜欢的学校场馆看一看、玩一玩，成了上城孩子的习惯；“玩转周末”“玩转假期”等系列活动也已经成为极具上城特色的品牌；“淘活动”平台正在成为上城少先队员的“团队室”、大家的“工程实验室”、快乐的“健体加油站”、美好的“艺术调色盘”、益智的“生产劳作坊”。

第一，“淘活动”引领上城学子共建“红领巾团队室”，“尚承”红色精神。

作为上城德育的金名片，“淘活动”始终不忘初心，主要通过“‘尚承’红领巾团队室”，面向全区中小学生，全面实施“真善美”种子工程，持续开展红色基因教育。

案例 4-2-1 丁蕙实验小学的红色书坊

链接 4-2-1
红色书坊作品集微视频

红色书坊是杭州市丁蕙实验小学通过“淘活动”平台向全区学生开放的假日红色体验项目。同学们可以通过平台网上申报，在假日走进“红色书坊”，参与学校专门为学生打造的“红船课程”。活动开始，老师首先讲述万里长征的历史——长征是人类历史上的伟大奇迹，中央红军共进行了600余次战斗，攻占700多座县城，红军牺牲的营以上干部多达430余人，共击溃国民党军数百个团，期间共经过14个省，翻越18座大山，跨过24条大河，走过荒草地，翻过雪山，行程约二万五千里。再通过一件件感人的物品、一段段英雄的事迹来细说发生在长征中的微故事。随后讲解员介绍活动场馆，同学们仿佛置身于二万五千里长征路上，回顾其间的点点滴滴故事。最后同学们之间通过一首古诗、一段配音、一段微视频、一篇读后感等来献礼长征精神。链接 4-2-1 展示的就是学生在参与“红色书坊”活动时创作的作品集。

（杭州市丁蕙实验小学）

“一船红中国，万众跟党走”，传承“红船精神”是爱国主义教育的重要组成部分，也是社会主义核心价值观的重要体现，更是立德树人的重要任务。育人先育德。通过一系列如案例 4-2-1 所描述的红色基因课程，将思政小课堂与社会大课堂相结合，构建起“学校课程—社区资源—学生活动”三位一体的“‘尚承’红色精神”课后实践模式。将红色精神元素融入活动中，以探究、创作、体验等方式，引领上城学子传承首创精神、奋斗精神等红色精神，并且在每月不同主题的活动中渗透落地。

第二，“淘活动”让上城学子走进“工程实验室”，挑战“未来科学 +”。

科学教育对激发和保护学生的好奇心和求知欲、培养学生的科学精神和实践创新能力具有重要意义。一直以来，上城区十分重视发挥家庭、社区、校外青少年活动基地等的作用，优化课程资源建设，加强实践探究过程的指导，注重引导学生动手与动脑相结合，增强学生问题意识，培养他们的创新精神和实践能力。截至 2022 年 6 月，“淘活动”平台上，学校与区科协联合开展的学校科技特色项目有 25 个；社校联合创建科普阵地有 40 余个，如杭州市濮家小学与浙江省农科院合作建立的“智慧农场”，杭州市蒋筑英学校“未来科学 +”探究厅，杭州市崇文实验学校的“崇文小学生数学与科学创新研究中心”等。

案例 4-2-2 蒋筑英学校“未来科学 +”探究厅

杭州市蒋筑英学校“未来科学 +”探究厅作为区域新型学习中心，一直以来面向全区的青少年开放。多年来，学校不断完善“未来科学 +”课程群的建设，形成了丰富的课程资源，入驻“淘活动”平台后，“未

来科学 +”课程更成为炙手可热的香饽饽，有效链接校内校外课程体系。

在活动中，老师先在大屏幕上通过视频和图片呈现了各种各样的高楼，例如曾经是世界最高的摩天大楼的吉隆坡石油双子塔，有小蛮腰之称的广州新电视塔，位于伦敦泰晤士河南岸的全欧洲第二高的碎片大厦，地处陆家嘴金融贸易区的上海环球金融中心，等等。视频观看结束老师又请同学们根据提供的线索，找到正确的高楼，并说一说“通过视频和阅读，我们了解到哪些摩天大楼呢？这些摩天大楼又有什么特点呢？这些漂亮的大楼都是谁的功劳呢？”

讨论结束，老师请同学们四人一组，使用直吸管、纸胶带、剪刀、承重块等材料，看看哪组设计的地基最牢固。学生们采用大管套小管的方式，将吸管的一端用剪刀剪一刀变小，插进去，用纸胶带黏合在一起。上下两个三角形，中间用直吸管黏合在一起，最后用承重块在上层承重。并让同学们想一想，有什么方法可以增加结构的承重能力呢？

（杭州市蒋筑英学校）

基础教育阶段的科学教育，不仅要传授学生科学知识，还要注重激发科学兴趣，培养科学精神，提升广大青少年儿童的科学素养。兴趣引领，才能真正在课程中落实“双减”政策和五项管理。案例 4-2-2 呈现的是“未来科学 +”探究厅课程中“小小建筑家——我们身边的建筑”的活动场景。活动中，同学们通过讨论辨析、动手实践，对身边的建筑，从外观特点到内部构造、承重原理等都有了较为清晰的认识。活动的过程就是一个合作探究的过程，充分体现了其“进行科学探究”的特色。这样的活动利于培养学生的创新意识和创新能力，增进同伴之间、小队成员之间的合作交流，使一个开放、多元的学习空间和同学们的“表现力”得到共同成长，进而有效促进上城学子全面而富有个性地发展。

第三，“淘活动”与上城学子共享“健体加油站”，汇聚运动能量。

健康体魄是青少年为祖国和人民服务的基本前提，是中华民族旺盛生命力的体现。多年来，上城区积极倡导以体魄强健为美，积极组织开展各类体育活动，让学生“野蛮其体魄”，促进学生身体、心理等方面健康、和谐地发展。基于此，区内各中小学校在开发“淘活动”平台入驻项目时，有不少学校以“享受乐趣、增强体质、健全人格、锤炼意志”为目标，挖掘与体育运动相关的资源，打造了以各种体育运动项目为特色的“健体加油站”，以便学生在课后进行体育运动。链接 4-2-2 和案例 4-2-3 展现的即为杭州市钱江外国语学校在运动项目方面进行的探索。

案例 4-2-3 杭州市钱江外国语实验学校棒球特色课程

杭州市钱江外国语实验学校聚焦“运动能力”“健康行为”“体育品德”三个维度，着力开发棒球特色拓展性课程，并在周末及假日定时开放场馆，通过“淘活动”平台预约，实现“健体加油站”资源共享，让区域内每个学生都有机会享受优质资源。

为保障来“健体加油站”的孩子都能有良好的活动体验，学校成立了以校长、分管副校长、体育教研组长组成的领导小组，分工明确，各司其职，全面指导棒垒球工作的开展，科学有序地让学校棒垒球工作得以有效落实，科学推进。学校专门引进了棒球专业教练，并引导校内教师与引进的棒球专业教练进行深度融合，让每位教师以课程主体的身份参与到学校课程的开发与管理中，让技能学习面向专业化发展，以优质的师资及开放的教与学保障，服务于学生个性学习。同时，学校还依托杭州钱江体育俱乐部的加盟，开发同伴、亲子棒球联赛机制，举办棒球竞赛，将“健体加油站”与校外体育俱乐部棒球项目学习融合在一起。

链接 4-2-2
杭州市钱江外国语实验学校棒球课程视频

（杭州市钱江外国语实验学校）

落实“双减”，不仅要对学生在校学习时间和家庭作业等做出严格规定，更要充分保障学生的体育运动，让每个学生都动起来。案例 4-2-3 正是学校体育拓展课程的一种积极尝试。窥斑见豹，“淘活动”平台让学校、家庭、社会多方联动，营造、优化了区域体育生态环境，让每一个孩子都能享受到公平而有质量的体育教育，让每个孩子都能享受参与体育锻炼的乐趣，增强体质、健全人格、锤炼意志。以运动之名，让同伴、亲子一起参与到爱的教育中来。

第四，“淘活动”为上城学子创设“艺术调色盘”，融贯“尚学”空间。

“双减”背景下，美育不仅与学校教育、课堂教育相关，也与家庭教育、社会教育密切关联。学校美育和社会美育的协同融合发展，是美育高质量发展的必然路径。上城区致力于将美育融入区域各类活动中，增强美育熏陶，挖掘各类美育资源，打造多元化的艺术项目“共同体”，积极开展以美育为主题的研究。学校的特色美育空间，也成为“淘活动”强大的美育活动共享资源库。

案例 4-2-4 杭州市澎致小学“STEAM 五坊一空间”

杭州市澎致小学根据儿童化、集成化、数字化的“三化合一”的育人理念，整体架构形成“STEAM 五坊一空间”多区域、多功能、多资源的“融”贯学习空间。“STEAM 五坊一空间”不同于常规教室，它为同学们提供了纸张、竹条、锉刀、台虎钳、陶泥、拉坯机、羊角锤、锯刀、平板电脑、VR 头盔等不同种类的工具和材料，同学们可以根据自己的学习任务和需求，随时随地获取各类硬性、软性学习资源，并结合所学各类知识与技能来解决问题，不断挖掘自身学习潜力，提升综合素养。“淘活动”与“STEAM 五坊一空间”对接，开设社校联动的同伴课程、亲子课程，如上城青少年可以在周末和家长在“STEAM 五坊一空间”内学习制作“非遗”麦秆扇、制作泥版画、种植辨认中草药材等。

在“非遗”传承人、博物馆老师的带领下，同学们组队学习制作剪纸、团扇、麦秆扇、折扇等传统手工技艺，获得了研习传统工艺的机会，从而达到馆校共建，资源“融”合的效果。有同学在参加活动后说：学会了通过看、闻、摸、尝等方式认识一些常见中药材的名称与功效，也深切感受到我国的中药文化这么博大精深，“非遗”文化已深深扎根在自己心中。

（杭州市澎致小学）

案例 4-2-4 中所述的杭州市澎致小学“STEAM 五坊一空间”活动，深化了新型教学空间在“双减”背景下整合社校资源，开放场馆、课程资源，为学生和家长提供丰富多彩的活动的服务性功能。不仅如此，在家校政社融通育人的引领下，学校以构建“家校政社协同育人共同体”为目标，打造社区“教育大脑 + 智慧学习”综合服务场景，从共商、共惠、共享、共建、共评五方面进行联合推进，启动未来教育数字化场景改革项目试点。这其中，“STEAM 五坊一空间”成为试点的主阵地，合力促成“尚学通”项目的实施与落地，以技术平台的建设助力“淘活动”的开发与开展。

第五，“淘活动”让上城学子走进“生产劳作坊”，感受劳动最光荣。

为了充分发挥劳动实践综合育人的功能，进一步落实“双减”政策，依托劳动实践，帮助学生掌握劳动技能，磨炼学生意志品质，上城区积极完善上城区青少年劳动教育体系，努力挖掘劳动教育资源，开发出一系列劳动实践活动项目。其中，有不少活动项目就来源于学校场馆。如，杭州市凤凰小学的“悦耕园”、杭州市笕新小学的“阳光农场”、杭州市夏衍小学的“屋顶生态园”、杭州市江城中学的“小工匠职业体验中心”等。学校带着这些项目入驻“淘活动”平台，极大地丰富了学生在课后、假期和同学伙伴一起“淘”的资源。

案例 4-2-5 杭州市夏衍小学劳动教育生态园

杭州市夏衍小学拥有近 2000 平方米的屋顶生态园、农耕工具博物馆，

30多平方米的阳光房2间、储物间2间，以及可供师生共同设计和开发的3000多平方米空地，这些共同组成了“淘活动”劳动教育生态园。

屋顶生态农场：学校在建校初期就在屋顶进行生态园的建设，经过近十年的打造，学校屋顶生态园形成了40块菜地，面积约540平方米，小型的果园、植物园也已经成型。同时，外围做了4个水池，约4平方米，购置了一定数量的农具，让来参加活动的各小队的同学能够有一个实践基地继续追寻彭埠的农耕文化。

学生种植园区：“淘活动”劳动教育的生态园立体建构了同伴、小队实践活动平台（种植区、桑园区、自主种植区）。种植区里，种植蔬菜、瓜果、花草等都可以。同学们在这里可以体验松土、播种、施肥、除草、采摘等实践活动，开展相应研究性学习。桑园区内，大型花坛里种上了桑树苗，同学们可以结合科学课，进行蚕宝宝养殖的科学观察。在自主种植区，同学们可以在规定的区域自行种植花草、蔬菜、瓜果等，让屋顶变成生机勃勃的乐园。生态园还邀请有经验的农耕者，为参加活动的同学伙伴们指导与传授种植的相关知识。

春分播种时节：春分是中国传统二十四节气之一，它标志着春耕的开始。此时节田间地头一片忙碌的景象，人们在明媚的春阳下劳作，禾苗在农民的呵护下破土而出，生活在人们的劳动中变样。结合学校的“衍”之智慧家长的种植课程，“淘活动”劳动教育生态园在春分时节，让来参加活动的同学伙伴之间相互帮助，体验松土、播种、施肥、除草等种植过程中的各环节。

（杭州市夏衍小学）

在案例4-2-5所呈现的“淘活动”劳动教育生态园中，同学们可携带锄头等农耕工具，可学习播种、浇水、施肥、拔草等劳动技能，还可以体验摘莴苣、采青菜、挖花生、摘玉米、挖番薯、拔萝卜等活动。在生态园农耕工具博物馆里，展出着锄头、镰刀、蓑衣、筲箕、扁担等农耕工具。来参加活动的假日小队，还可以分工合作，通过查阅、观察、感受、记录等科学的方法，积极参与认识和使用农具的过程，并一同制定“认识农具”记录表。可以说，生态园是开展劳动教育的实践基地，也是同学们最喜欢的乐园。

截至 2022 年 10 月，上城区已有 89 所学校近百个活动项目入驻“淘活动”平台，区内学生可登录平台自由选择任何一个学校报名参加校外教育实践活动。这意味着传统意义上的学校物理壁垒被打破，学校成为学习中心。这是上城“校校有学习中心，学生人人都走校”的美好教育生态的缩影，是对上城教育“优质均衡发展”的深入推进。

二、活动中心公益“淘”

随着我国教育体制改革和素质教育的深入推进，校外教育在整体教育中的作用日益增强，杭州市上城区青少年活动中心作为全区校外教育的主导机构，始终坚持以培养“身心健康、品质优秀、学业上乘、素质全面、个性鲜明”的上城学子为目标，直面学生发展。公益活动品牌不断更新迭代，从“伙伴快乐成长营”到“童玩世界”，再到“玩转系列活动”，最终演变为“淘活动”，每一次革新升级都紧紧围绕着活动中心的核心理念——公益为先、孩子为本、活动育人，让孩子在快乐活动中增长了见识、丰富了体验、学会了选择、学会了交往。

目前，“淘活动”平台上，上城区青少年活动中心自有场地、自主研发的公益活动，主要有场馆课程和社团课程两大类。两类课程均秉承公益原则，以兴趣为导向，助力学生素养发展，促进全社会形成“双减”共识共为。

第一类，场馆公益课程。公益性、普惠性、活动性历来是杭州上城区青少年活动中心坚持的“办宫”方向。为更好地发挥实践育人、文化育人和服务育人的作用，全力服务好少年儿童的健康成长，“淘活动”平台以少年宫自有的上城特色校外教育活动点为依托，建立了“宋韵文化”课程体验馆、“筑家”劳动体验馆、创客技术馆、红领巾学院和“勇敢娃娃兵”等研学基地，并系统开发了场馆公益课程。

案例 4-2-6 “筑家”劳动体验馆之“幸福劳动”系列课程

新时代的劳动教育坚持综合育人的理念。“筑家”劳动体验馆立足于学生的个性发展需求，结合区域课程资源特点，融合多学科知识，设计了“吃货养成”“艺术气质”“文质彬彬”“博学多才”“创意无限”“手作达人”六个系列的“幸福劳动”特色课程，以满足不同学生个性化发展的需求，让每个学生在课程中都能收获劳动的幸福。如，对美食烹饪感兴趣的同学可以选择“吃货养成”系列课程中的面点制作、蔬菜拼盘等课程；爱好手工制作的同学可以选择台历创作、丝网花艺等课程。

同时，由于不同年龄阶段学生有不同的特点，劳动教育目标也不同，“幸福劳动”课程还依据不同年龄阶段学生的不同特点分层分类进行设计。低年龄段的学生重在劳动意识得到启蒙，主要学习日常生活自理的基本技能，如男生学会叠衬衫，女生学会系丝巾等；中年龄段学生重在做好个人卫生清洁，主动分担家务，如男生学会换灯管、拖地，女生学会简单的针线活、学会编发等；高年龄段学生能够在劳动中发现问题并能创造性地解决问题，如男生要会换季整理，女生会收纳衣物、会做甜点等。

在学习方式上，也从不同年龄段学生能力发展需求出发，设计了不同的课程形态。低年龄段的课程以简单的劳动技能学习为主，重在唤醒学生的劳动意识，让其学会日常生活基本技能，如叠棉被、剥豆子、缝纽扣等。而中、高年龄段的课程以项目式学习为主，在提高学生劳动技能水平的同时，注重培养学生自主解决问题的能力，如使用遥控窗帘、整理书柜、整理外出旅行前的行李箱、旧物改造小花盆等。

（杭州市上城区青少年活动中心）

案例 4-2-6 中的“幸福劳动”课程和其他场馆公益课程均会通过“淘活动”

平台统筹发布，能满足全区中小学生共性和个性化的发展需求。学生通过“淘活动”平台自主报名，以“实习生”的身份完成任一系列的一个课程后，可以获得一张实习证书，继而获得“淘活动”上该场馆其他系列课程报名资格。“淘活动”平台会生成个性化的场馆公益课程菜单，助力学生全面而有差异地发展。

第二类，社团公益课程。“开发学生潜能，激发学生兴趣，让学生在实践活动的过程中增长见识、体验快乐、学会交往、学会创新、提升能力，成就学生梦想”是上城推进“淘活动”的目的所在。上城区以培育全面而有个性的上城美好学生为宗旨，以提升青少年艺术素养、体育素养、科学素养、劳动素养和创新能力为核心，依托杭州市上城区青少年活动中心自有场地，设立区“学生社团联盟”，下设“动感体育”“梦幻艺术”“创意科技”“幸福劳动”和“悦读达人社”“少年领袖成长营”等五育融合的六大类近 20 个区一级学生社团（见表 4-2-1）。社团聘请由西泠印社社员、国家级演员、航海模型国家级教练、知名儿童作家、报社资深记者、省区特级教师组成的专家指导团队为社团成员进行专业辅导，直接授课，由中心的专业教师进行社团的日常管理。

表 4-2-1　上城区“学生社团联盟”活动一览表

社团类别	社团名称
动感体育	田径队
	足球社
梦幻艺术	合唱团
	舞蹈团
	表演社团
	摄影社团
	书画社
创意科技	小院士工作室
	模型社

续表

社团类别	社团名称
创意科技	电子社
	编程社
	虚拟机器人工作室
	智能机器人工作室
	创客社
幸福劳动	陶艺社团
悦读达人社	
少年领袖成长营	

以上区一级学生社团一年招募一次，具有相关特长的学生在“淘活动”平台自主报名，经线下考核入社，定期参与社团活动，在“淘活动”平台进行活动打卡并上传实践收获，即可获得相应社团积分，作为后续升团和评优的标准。在“淘活动”，社团成员的校外实践乐趣横生，社团成员的展示平台精彩多元，社团成员的主题活动生动有趣，社团成员的个性提升精准有效。每个周末，社团成员在“与团队共赢”的团队拓展、“与时代同行”的社会实践活动中学会了团队合作、独立思考、分析决策——这些能力能够帮到他们一生，人品好、能力强、身体强，他们今后就更有可能成为真正的领袖。

第三节
@社会机构“淘活动”

⊙

杭州是一个有着丰厚宋韵文化底蕴的城市，宋韵文化融于生活中的点点滴滴，融于杭州的大街小巷，融于人们的言谈举止。上城区更是拥有全市超过一半的历史建筑、历史地段、历史街区和各级文物保护单位，其中国家级文物保护单位就有 9 处。

区域内学生活动资源丰富：有胡庆余堂中药博物馆、杭州西湖博物馆、杭州博物馆等众多第二课堂场馆；有小营红巷、钱学森故居、夏衍故居等红色之旅场地；有南宋御街、凤凰山南宋皇城遗址、南宋德寿宫遗址博物馆等宋韵文化集萃……这些场馆虽然都在上城区域内，但分属不同的行业，由不同的职能单位管理，有不同的活动规定。学生和家长如何才能更有效地利用好这些场馆资源，开展实践活动，需要一个系统而专业的“领路人”。“淘活动”平台以数智技术，有效整合了各类社会机构的场馆、活动、人才资源，形成“淘馆”课程大数据资源库，有目标、有组织地带领和指导上城学子开展有意义的“淘馆”活动，真正聚合多方力量，形成家校社政一体化育人新格局。

一、慧“淘”社会场馆大宝库

心理学家布鲁纳在《教育过程》一书中指出：“学习的最好刺激，乃是对所学材料的兴趣。”越来越多的教育者认为，知识是在情境中被建构起来，并在情境中不断发展的。也就是说，知识、学习、认知本质上都是具有情境性的，知识只有融入情境之中，才能显示出持久的活力。场馆活动的课程不同于国家规定的基础性课程，也不同于学校自主开发的一般性拓展课程，作为一种实践性课程，其情境性学习的特征尤为突出。因此，“淘活动”之“淘馆”活动课程的设计应紧紧围绕“探宝”“寻宝”情境展开。

1.“探宝”：“淘馆”活动的课程定位

“淘活动”之“淘馆”课程作为一种综合实践活动课程，倡导学生在活动中探究、在探究中运用、在运用中学习，在实践中体验和感悟，从而获得知识和经验。“淘馆”课程契合了学生核心素养培育的主题要义，是培育学生核心素养的一条重要路径；增强了学生的社会责任感、创新精神和实践能力，让学生在实践活动中更好地成长。

2.“寻宝”：“淘馆”活动课程的设计思路

每一种教育教学行为都可能对孩子的生命成长具有综合影响，产生综合效应，学生德智体美劳的成长效往往是相互贯穿、相互渗透和相互滋养的。明确了课程定位，依据《中国学生发展核心素养》，以及《上城区美好教育行动指南》提出的上城学子培养目标，即将上城学生培养为“身心健康、品质优秀、学业上乘、素质全面、个性鲜明”的社会主义事业合格建设者和可靠接班人，确定了“淘馆”活动课程设计的三条思路。

其一，立足核心素养，践行五育融合。

“淘馆”活动课程作为一种综合性实践活动课程，提倡实践、探究、合作、反思等多样化的学习方式，注重知识与经验的整合，注重发展学生的创新精神、实践能力、社会责任感以及其他良好的品质，对学生核心素养的培育具有独特价值。

“淘馆”活动课程在设计时切实把培养学生核心素养贯穿其中。课程内容的筛选将围绕“德、智、体、美、劳”全面融合的主线，体现德育为先、能力为重、认知为基础，强调社会责任感、创新精神和实践能力，注重场馆活动的文化性、科学性、社会性和自主性，让学生在“淘馆”活动中，在自然和社会的大课堂中，提升终身发展所需的情商，做全面发展的人。

其二，立足区域资源，适度辐射外延。

区域资源是“淘馆”活动重要的资源，依托区域资源开展“淘馆”活动是中小学教育的一大助力。上城区文化底蕴深厚，区域内人文资源丰富，文化场馆众多，物质文化遗产及非物质文化遗产大量留存，地域特色鲜明，以这些资源为基础开发设计具有区域特色的“淘馆”活动项目，能够增进区域内中小学生对家乡及其文化的了解与认同，从而培养他们的家国情怀，提升他们对家乡文化的自信。

在此基础上，适当开发周边有特色、有趣味、有意义的公益性场馆资源，延伸和拓展“淘馆”活动的地理空间，开发系统、科学、有趣和充满体验与互动的“淘馆”实践活动及相关课程，提升学生对杭州乡土乡情文化的熟悉度，让学生掌握其中的精髓和重要内容。学生在获得愉悦体验的同时，得以加深爱国情怀、夯实文化基础、锻炼各项能力，形成正确的世界观、人生观与价值观。

其三，立足实践活动，实现知行合一。

《生命与教育》一书中指出：“只有体验的东西，才能内在于人的生命之中，融化为生命的一部分。从这个意义上说，体验是进入生命的唯一通道。”在上城，社会场馆是另一种学校和课堂，实践是相对于课堂学习的另一种重要的学习方式和途径。“淘馆”活动是一种具有上城特色的学习新样态。架构“五育融合”的“淘馆”活动课程内容就是要把学生带到真实的情境中去，让学生发现问题，提出问题，解决问题；让学生与艺术作品、与文物古迹、与历史名人对话，与身处在场景中的各方交流、讨论。在此过程中所有的知识都是现场获得的，学习活动的成果也在思想的交流和碰撞过程中形成。通过这样浸润式的活动过程，学生的经历和获得的知识变得更有温度、更有深度。

“淘馆”活动课程设计，在深度上适应不同年龄学生的文化层次，结合现代场馆的体验属性，使实践活动形象化、生动化和时尚化，让书本里的东西“活”起来，场馆内的东西“动”起来。“淘馆”活动以“寻访、参观、探究”等为主要形式实施，重在让学生在参与、体验、互动的过程中内化道德认识，实现知行合一，实现教育的终极目标。

二、三张菜单，引领场馆快乐“淘”

我国学生发展核心素养是以培养“全面发展的人”为核心，分为自主发展、社会参与、文化基础三方面，综合表现为人文底蕴、科学精神、学会学习、健康生活、责任担当、实践创新等六大素养，具体细化为 18 个基本要点（见图 4-3-1）。各素养之间相互联系、互相补充、相互促进，在不同情境中

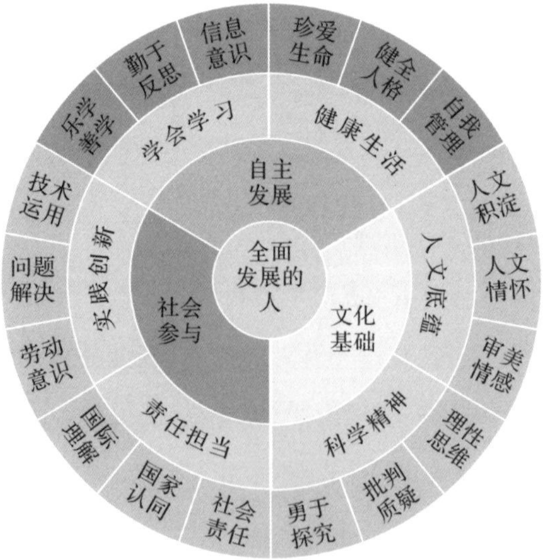

图 4-3-1 中国学生核心发展素养

整体发挥作用。以我国学生发展核心素养为课程设计的总纲领，“淘馆”活动课程从自主发展、社会参与、文化基础三个发展目标设计了三张活动菜单，明确了探索活动、实践活动和文化活动三类“淘馆”课程。

1. 基于自主发展目标的“淘馆”之探索活动

自主发展重在强调学生能有效管理自己的学习和生活，认识和发现自我价值，发掘自身潜力，有效应对复杂多变的环境，发展成为有明确人生方向、有生活品位的人，从而成就精彩人生。学生自主发展目标的实现需要依托学会学习和健康生活两大核心素养的培育来完成。“淘馆”活动中的体验式学习，让学生自主探究，并合作解决真实世界中的问题，逐渐掌握解决问题的技能和自主学习的能力。探索活动使学生走出校园，走进丰富多彩的场馆，通过自我管理、自我规划、自我约束等自主方式开展学习探究，对学生自我管理能力的培养及健全人格的养成具有重要的价值。在学习方式上，学生摆脱了纯粹书本学习的束缚，学习伴随着活动自然进行，场馆内五彩缤纷的内容驱动着学生去探究、追问，学习的兴趣油然而生，自主学习占据主导，此时，学生的学习超越了学会的层面，走向会学、乐学的更高境界。可以说，“淘馆”活动很好地契合了核心素养中学会学习的主题要义。“淘馆”之探索活动的具体安排如表 4-3-1 所示。

表 4-3-1　“淘馆”之探索活动安排表

课程系列	活动场馆	课程内容	内容标准	活动建议
自然科学系列	浙江省科技博物馆	探秘生命	1. 了解和初步学习自然科学知识 2. 参与研究自然科学，并能在生活中应用实践，在实践中学会创新	1. 学习和收集相关资料，并进行整理分析，有效利用场馆资源进行探究学习 2. 举办“生命奥秘”“科技与环境”“自然与我们”等主题辩论会
	浙江自然博物院	奇妙大自然		
	江南天池天文台	星空探秘		
	中国湿地博物馆	湿地探寻记		
	中国水利博物馆	大禹治水		

续表

课程系列	活动场馆	课程内容	内容标准	活动建议
“非遗”传承系列	西泠印社	中国印记	1. 学习和体验非物质文化遗产的文化背景和历史意义 2. 现场感知和体验非物质文化遗产的魅力	1. 了解和收集非物质文化遗产的相关资料 2. 参观非物质文化遗产展示 3. 采访各非物质文化遗产传承人 4. 举办非物质文化遗产的宣传和展示活动
	中国丝绸博物馆	丝绸之路		
	浙江昆剧团	古老的戏剧		
	杭州滑稽艺术剧院	杭州小热昏		
	中国茶叶博物馆	小小茶艺师		
低碳环保系列	中国杭州低碳科技馆	低碳生活我在行	1. 了解各类低碳环保活动开展的意义 2. 参与践行各类低碳环保活动	1. 收集各类低碳环保活动资料以及相关先进人物的故事 2. 走访和实地参观各类低碳环保场所，并进行探究性学习 3. 举办低碳环保金点子展和研究成果汇报展
	杭州天子岭生态公园	垃圾环保小使者		
	杭州市水务集团有限公司九溪水厂	一滴水的旅行记		
	光大环保能源（杭州）有限公司	零排放实验台		
	杭州图书馆环保分馆	环保伴我行		

2. 基于社会参与目标的“淘馆”之实践活动

社会参与重在强调学生能处理好自我与社会的关系，养成现代公民所必须遵守和履行的道德准则和行为规范，增强社会责任感，提升创新精神和实践能力，促进个人价值实现，推动社会发展进步，成为有理想信念、敢于担当的人。学生社会参与目标集中体现在培养责任担当和实践创新两大核心素养上。“淘馆”活动过程中的国防强军体验、红色情怀体验、田园农事体验将促进学生对祖国、对田园山水的热爱，对军人的敬佩，对革命先驱的敬仰，激发学生爱国、爱乡情怀和保家卫国的使命感。在了解基本的军事知识和技能的同时，锻炼意志品质，传承优良的作风；在了解先辈的感人事迹、革命生涯时，树立起为国崛起而努力学习的远大志向；在田园劳动实践中获得劳动创造幸福生活的真实体验。这些“淘馆”实践活动是开阔学生视野、增进学生学识、锤炼学生意志的好举措，在潜移默化中激发学生对祖国的眷恋之情，增强学生的民族自尊心、自信心和自豪感。同时能够鼓舞学生的斗志，激励学生勇于担当责任，能够在参与社会实践过程中应对各种挑战，在问题解决中不断提升实践创新能力。“淘馆”之实践活动的具体安排如表 4-3-2 所示。

链接 4-3-1
小营巷纪念馆研学视频

表 4-3-2　“淘馆”之实践活动安排表

课程系列	活动场馆	课程内容	内容标准	活动建议
国防强军系列	杭州（国际）青少年洞桥营地	野战小勇士	1. 学习和了解国防强军的相关知识 2. 亲自参与体验各类活动	1. 了解和收集各类国防强军相关资料 2. 深度参与和体验各类相关活动 3. 举办相关宣传展示和汇报展演活动
	笕桥空军基地	蓝天畅想营		
	钱塘江守桥模范中队	小小特种兵		
	奥体中心	运动小健将		
红色血脉系列	小营巷纪念馆	寻访红巷足迹（见链接4-3-1）	1. 学习和了解红色纪念场所的特征和历史意义 2. 弘扬红色精神	1. 了解和访问各类相关网站，收集整理相关资料 2. 实地参观各类革命根据地、革命纪念馆和红色名人纪念馆
	浙江革命烈士纪念馆	探寻钱江红色潮	1. 学习和了解红色纪念场所的特征和历史意义 2. 弘扬红色精神	1. 了解和访问各类相关网站，收集整理相关资料 2. 实地参观各类革命根据地、革命纪念馆和红色名人纪念馆
	“五四宪法”历史资料陈列馆	宪法追寻记		
	夏衍故居	夏衍戏剧社		
	钱学森故居	“两弹一星”的故事		
田园劳动系列	兰里研学大本营	田园小农夫	1. 学习和了解各类农业知识和劳动技能	1. 学习了解农耕文化、科技农耕等知识 2. 参与体验各种劳动
	米果果素质教育基地	我们的田野		
	上城居家劳动体验馆	今天我当家		
田园劳动系列	杭州钱唐农园	小土壤银行家	2. 亲自参与各类劳动实践活动	3. 举办劳动体验展、科技生活畅想会
	莫干溪谷农耕博物园	走进江南诗画田园		

3. 基于文化基础目标的“淘馆”之文化活动

《中国学生发展核心素养研究报告》指出，文化基础重在强调学生能习得人文、科学等各领域的知识和技能，掌握和运用人类优秀智慧成果，涵养内在精神，追求真善美的统一，发展成为有宽厚文化基础、有更高精神追求的人。文化基础夯实的着力点体现在人文底蕴和科学精神两大核心素养上。上城区“淘馆”之文化活动，是组织学生走进博物馆、博览会，去了解、感受乡土乡情，感受历史的积淀和厚重，感受宋韵传世文化的内涵，感受艺术的博大精深，感受改革开放的伟大成就等。学生在自主参与、引导体验、沟通互动等活动形式下，通过学习和研究诸类文化活动课程，体验不同的自然和人文环境，提高学习兴趣，达到增长知识、传播文化、促进社交、增强体验，陶冶情操的目的。此外，学生在场馆中开展研究性学习活动，是学生基于自身兴趣，在场馆工作人员的指导下，从自然、社会和自身生活中选择和确定研究专题，主动地获取知识、应用知识、解决问题，通过实践，增强自身的探究和创新意识，学习科学方法，发展综合运用知识的能力。“淘馆”之文化活动的具体安排如表 4-3-3 所示。

表 4-3-3 “淘馆”之文化活动安排表

课程系列	活动场馆	活动主题	活动内容	活动建议
宋韵文化系列	南宋德寿宫遗址博物院	宋风雅韵	1. 学习和解读南宋历史遗迹和传统文化 2. 了解南宋时期的名人名事现场感受南宋时期的杭州特色和西湖元素及魅力	1. 访问相关网站，收集南宋文化相关文献、影视等资料 2. 参观南宋遗址，走访和收集与南宋相关的方志和文史资料 3. 举办与场馆相关的南宋文化专题研讨会
	南宋官窑博物馆	一块垫饼的故事		
	紫阳书院	听朱熹讲学		
	杭州孔庙	解密碑林		
	八卦田遗址公园	八卦田的秘境		

续表

课程系列	活动场馆	活动主题	活动内容	活动建议
历史人文系列	浙江省博物馆	文物会说话	1. 实地了解各类博物馆的发展过程及风貌特征 2. 深入研究博物馆独特风格与藏品	1. 访问各类博物馆网站，收集相关资料 2. 实地参观，聆听讲解，参与专题活动 3. 深入研究，撰写研究报告
	良渚博物院	穿越良渚古国		
	杭州海塘遗址博物馆	梦回海塘		
	杭州博物馆	最忆是杭州		
	中国财税博物馆	一枚钱币的故事		
艺术人生系列	浙江美术馆	只此青绿	1. 感受各行各业大师的专业风采和人格魅力 2. 现场采访和感知大师技艺	1. 上网收集各行各业有影响力的艺术家的资料，了解其专业成就和成长史 2. 实地专访并记录 3. 和大师一起体验，策划相关特色活动，制作文创品
	韩美林艺术馆	走进美林世界		
	杭州工艺美术博物馆	匠心传承		
	杭州大剧院	与音乐家的对话		
	杭州太阳马戏团	走进幕后，揭秘“X 秀”		

从表 4-3-1、表 4-3-2、表 4-3-3 中可以看出，为了满足不同学校、学生的需要，“淘活动”已开发上线了 3 个系列 40 多个“淘馆”活动，结合学生的培养目标，充分利用了区域所在的校外各类场馆资源，补充了周边开放的自然场馆、社会场馆和文化场馆等优质资源，更好地服务区域学校和学生，让上城的孩子在课余“淘馆”有更多的选择。

三、社会学校，“三学”培育未来胜任力

2016 年，教育部、国家发展和改革委员会等 11 部门印发了《关于推进中小学生研学旅行的意见》，指出研究性学习和旅行体验相结合的校外教育活动，是学校教育和校外教育衔接的创新形式，是教育教学的重要内容，是综合实践育人的有效途径。2020 年，中共中央、国务院发布《关于全面加强新时代大中小学劳动教育的意见》，对新时代劳动教育的重大意义、指导思想和基本原则等提出了明确要求，为劳动教育的开展指明了方向。为了构建

德智体美劳全面培养的教育体系，将劳动教育提高到非常重要的位置。

20 世纪 90 年代，上城区就开始了“三学”教育的摸索和尝试。30 年来，不仅设立了生存教育、国防教育、国学教育等基地，还开发建设了立足区域特点，面向全区、公益为先、人人参与的学军、学农、学生存“淘活动‘三学’”课程（见图 4-3-2），让学生从四年级开始，每年都有一周以上的专门时间走出学校去参与实践活动。

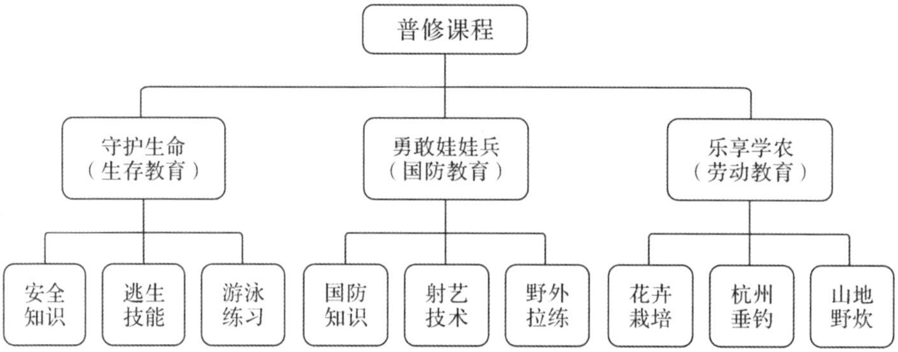

图 4-3-2　依托基地开放的“淘活动‘三学’”课程

1.“守护生命”学习生存能力

生存教育是在拥有强健体魄的前提下通过生存意识、方法的学习，技术动作的练习，达到增强人的生存能力的教育。2021 年，教育部印发了《生命安全与健康教育进中小学课程教材指南》，旨在将生命安全与健康教育全面融入中小学课程教材，实现生命安全与健康教育系列化、常态化、长效化。

上城区生存教育基地主要负责全区各小学四年级学生生存知识培训和游泳训练，聘请有资质的专业团队设计、操作课程，真正使生存教育规范化、课程化、德育化。通过一周时间的学习，不仅要使孩子们学会游泳基础技术，更要学会一些基本的生存知识和技能，基地将通过图文展览、现场演练等方式，从交通安全、消防安全、人为伤害防范、意外伤害、特殊电话拨打、水灾自救、地震自救等方面，使孩子们掌握生活中意外事故的处理方法，学会避免自然灾害带来的伤害和抵御不法侵害，提高自我保护能力。在区域大课程体系构架中，以上城区四年级学生参加生存教育基地组织的生存教育活动为教学载体，以加强区域内学生公共安全教育、培养学生的公共安全意识、提高学生面临突发安全事件时的自救自护应变能力为教学目标，设计开发了“守护生命”这一课程。

“守护生命”构建了本门课程的学习目标体系和评价原则，以学生对安全应急知识、技能的需要为中心，来选择和设计教学内容。目前，课时的安排是四年级的学生参加一周 20 课时的生存教育活动，其中安全应急教育 10 课时和游泳教学 10 课时。指导学生进行生存教育时，根据教学内容和学生认知水平，设计“理论知识课”“混合型的技能实践课”“技能实践课”三种不同类型的课型来完成“守护生命”课程的教学目标。

表 4-3-4 “守护生命”课程教学目标

课型名称		教学取向	教学时间与流程
安全应急教育	理论知识课	聚焦安全知识要点，让学生系统地了解与安全教育相关的基础知识，提高学生对安全问题的思考力和判断力	安全小故事导入→安全知识屋→总结安全知识点→动漫演示身边的安全盲点（如内轮差等）→强化安全意识
	混合型的技能实践课	聚焦每堂课的安全技能，设计互动交流的环节，展开多维度的技能展示，让学生体会技能的掌握流程	安全知识屋→总结安全知识点→动画演示安全技能（如绳结的多种打法）→强化技能要点→结合“安全小广播”的环节强化与实际结合→“让我动动手”环节强化学生动手操作→互助交流→课堂检测
游泳教学	技能实践课	初步掌握漂行、滑行、驱动等游泳的基本技能，强化蛙泳腿部动作的“收、翻、蹬”技术要点，进一步激发学生对游泳活动的兴趣	如课例一：憋气练习→换气练习→陆上模仿练习→下水滑行→蛙泳蹬腿练习→蛙泳蹬腿前进→蛙泳蹬腿换气练习→强化水中的“收、翻、蹬”技术要点→互助交流→课堂检测

从表 4-3-4 可以看出，依托生存教育基地开发的课程主要是让学生学会一些基本的生存技能，如游泳、火灾逃生、安全事项等等。对这些生存技能成

绩的评定不是单一的形成机制，而是一个综合评定的结果。在教师评定的基础上，还注重学生的自我评价与相互评价，同时结合小组合作的团体成绩来作为学生的成绩，有效地提高每一个学生的参与积极性。具体可分为如下三种形式的评价。

客观测试评定——依据学生的学习目标达成度、行为表现和进步幅度等因素得出成绩，如游泳的等级达标成绩等。

学生自我评价——学生对自己的安全应急技能、学习态度与合作精神等进行综合评价。

小组合作评价——在“大比武”的展示平台上通过小组合作，开展十项安全技能的比试。通过男生、女生接力比赛展示小组的游泳水平。

案例 4-3-1 生存训练五日营活动

参加游泳生存训练，对于全区每一个孩子来说都充满期待与好奇。而真正进入游泳馆之后，站在泳池边上，就会出现部分同学会抗拒下水的情况。于是，教练的鼓励，老师的安抚，同学的呐喊助威，让不少胆怯的同学开始尝试下水训练，直至慢慢融入，坚持训练完一周。在杭州市勇进实验学校的生存训练日记中，有一个孩子写道：“一开始很怕水，想放弃回家，可是同学的鼓励让我突然获得了一种勇气。看着眼前的池水，仿佛很温柔没有那么可怕了。于是，我鼓起勇气下了水。可是，站不稳的感觉又让我紧张极了。这时，教练过来，用大手托住了我，让我一下就安心了。我开始在心底告诉自己：没事的，没事的，我一定可以！”

（杭州市上城区青少年活动中心）

从案例 4-3-1 中可以看出，为期一周的训练，不但让学生克服了对水的恐惧，学会了游泳这项生存技能，也提升了身体素质，磨炼了意志，树立了“安全第一”的忧患意识。这样的生存训练，提高了学生的自我保护意识，有利于他们健康、安全地成长。

2.“勇敢娃娃兵”锤炼意志品质

《关于加强和改进新时代全民国防教育工作的意见》强调，“要着眼培养担当民族复兴大任的时代新人，采取扎实有力措施，不断提高青少年国防素养”。开展国防教育是增强青少年学生国防观念、培塑民族精神的基础工程，是落实立德树人根本任务的重要途径。

上城区国防教育基地紧紧围绕“立德树人”根本任务，深入践行社会主义核心价值观，以“爱党、爱国、爱军”三爱主题教育为核心，全面开展学科渗透教育实践活动、少先队国防技能章争章活动、校外红色研学活动、国防教育创新活动四大板块的国防教育实践内容。每年国防教育覆盖全区五年级学生，努力培养爱党爱国、崇尚英雄、血性阳刚、爱军习武的德智体美劳全面发展的上城“勇敢娃娃兵”。

国防教育基地“勇敢娃娃兵”研学课程依据不同时长分为“半日营、一日营、两日营、五日营、七日营”等五大类型，提供不同服务式体验“菜单”，引领学员迈入国防研学的庄严殿堂。

其中，“五日营”课程是上城区区域德育大课程体系构建中的国防教育实践活动课程，总计活动时间为30课时（包括理论传授6课时，实践活动24课时），为区域五年级学生的“必修课”。

案例 4-3-2 国防教育课程“勇敢娃娃兵”

勇敢娃娃兵研学课程分为“军事伙伴研学挑战”半日营、一日营、两日营、五日营、七日营研学活动（见表4-3-5），激发学员对军事研学的兴趣，提供不同服务式体验“菜单”，引领学员迈入国防研学的庄严殿堂。

表 4-3-5 “军事伙伴研学挑战”活动课程列表

课程	项目	内容
半日营	CS 红蓝对抗赛	专业教练指导，进行三场对战，分开阔场地对抗战、野外场地游击战、指定目标斩首战
	射艺大比拼	设计四种射术大 PK，分别是激光打靶、彩蛋射击、弯弓射箭、南宋沙包；每项都有成绩，以总成绩决出胜负名次
	激光打靶	学习三种不同的射击姿势，冷静稳定地打好每一枪，争做神枪手；等待时间穿插军事游戏
一日营	小小特种兵训练营 1	专业部队教官指导，上午进行体能训练和擒敌拳（或匕首操）技能学习；下午进行翻越障碍和卧姿射击（或狙击射击）技能学习
	小小特种兵训练营 2	专业部队教官指导，上午进行 CS 红蓝对抗赛，下午进行射艺大比拼
	无人机研学	上午研学无人机的基本原理，了解军事运用现状、发展前景等，初步学习操纵技能；下午轮流进行操控学习，考核并比赛操控技能
	军营大走访	上午和下午分别走访不同的部队，深入营地体验部队文化，近距离感受军营的风采
	军事领袖成长训练营	上午登高远瞻，凤凰寻古，了解吴越王国、南宋旧貌等，感知杭州深厚的历史文化底蕴，激发保家卫国的情怀，为领袖成长打下坚实的根基；下午激光打靶、团队游戏，增强团队精神和合作意识，培养冷静沉着果敢的领袖性格
两日营	军事达人成长营	第一日上午破冰活动、团队游戏，军事游戏；下午射艺大比拼（南宋沙包投掷、弯弓射击、彩蛋射击、激光射击）；晚上学习叠被子、战地救护技能；第二日上午开展 CS 红蓝对抗赛，下午翻越障碍、体能训练、擒敌拳（或匕首操）技能学习
	勇敢娃娃兵训练营	第一日上午破冰活动、团队游戏、军事游戏；下午凤凰寻古（或考察气象体验馆或参观空军、陆军某部）；晚上学习叠被子、战地救护技能。第二日上午进行体能训练和擒敌拳（或匕首操）技能学习；下午参观军事陈列馆、国防教育馆、禁毒馆，队列训练，军事游戏，翻越障碍等
五日营	国防教育军魂铸造研学营	主要包括四大类：（一）国防知识研学；（二）军事活动研学；（三）军营文化体验研学；（四）团队建设体验。具体涵盖：参观军事陈列馆、国防教育馆并研学；抗日战争知识研学；军兵种知识研学；国防知识竞赛；参观上城区少儿禁毒馆并研学；树立蓝天梦想，研学航天知识；野外生存拉练；擒敌拳学习；翻越障碍训练；激光打靶比赛；战地救护研学；学习部队内务整理；学会叠军被；练习军容军姿；训练基本队列；革命传统历史研学；军人岗位研学体验（哨兵、纠察员、排长、桌长、寝室长、炊事员、卫生员、升旗手等岗位体验）；开展军事游戏；亲情感恩教育；学唱部队歌曲，军营拉歌；军营联欢等

续表

课程	项目	内容
五日营	国防教育军事体验研学营	主要包括四大类：（一）国防知识研学；（二）军事活动研学；（三）军营文化体验研学；（四）团队建设体验。具体涵盖：参观军事陈列馆、国防教育馆并研学；抗日战争知识研学；军兵种知识研学；国防知识竞赛；参观上城区少儿禁毒馆并研学；树立蓝天梦想，研学航天知识；野外生存拉练；擒敌拳学习；翻越障碍训练；激光打靶比赛；CS 红蓝对抗；无人机研学；战地救护研学；学习部队内务整理；学会叠军被；体验军容军姿；练习基本队列；革命传统历史研学；军人岗位研学体验（哨兵、纠察员、排长、桌长、寝室长、炊事员、卫生员、升旗手等岗位体验）；外出参观杭州市气象体验馆和气象观测站，并研学；团队破冰，开展军事游戏；亲情感恩教育；学唱部队歌曲，军营拉歌；军营联欢等
七日营	暑期国防教育军魂铸造研学营	主要包括五大类：（一）国防知识研学；（二）军事活动研学；（三）军营文化体验研学；（四）团队建设体验；（五）外出实地参观部队营地。活动侧重锤炼坚毅品质，锻造军人阳刚性格，注重军营文化熏陶、部队军事体验，激发拥军爱军情怀

（上城区国防教育基地）

案例 4-3-2 呈现了国防教育课程“勇敢娃娃兵”上的多种时长的不同课程内容。其中半日营根据学员的情况和要求，提供 CS 红蓝对抗赛、射艺大比拼、激光打靶三种主要活动菜单；一日营根据培养对象，提供小小特种兵训练营 1、小小特种兵训练营 2、无人机研学、军营大走访、军事领袖成长训练营五种活动菜单；两日营根据学员的现状和拓展意愿，提供军事达人成长营和勇敢娃娃兵训练营两种菜单；五日营根据培养目标，提供国防教育军魂铸造研学营和国防教育军事体验研学营两种菜单；军魂铸造研学五日营活动，适合小学高段学生，侧重锤炼坚毅品质，锻造军人阳刚性格，打造合格小军人；国防教育军事体验研学五日营，适合小学各段学生，活动侧重军营文化熏陶、部队军事体验，激发拥军爱军情怀；“七日营”课程主要安排在暑期，与其他课程相比，这类课程增加了外出考察部队的活动。学生可根据自己的年龄特点、兴趣爱好，在“淘活动”平台上选择相应的研学活动课程。

通过这些活动，学生不仅了解了基本的国防知识，更锤炼了自己的意志品质。有学生在“勇敢娃娃兵”基地参加了研学实践活动后写下了如此感言：

“学军第一课，即是站军姿、立军容。手贴在裤子的哪个位置，统一的标准，统一的动作，统一的口令，最简单的事情不断重复。烈日下、风雨时，没有人喊苦叫累。接着是内务整理，毛巾要一顺儿挂，牙杯要摆成一条直线，床单不能有皱褶，被子要叠得四四方方的……从生疏到熟练，从一般到优秀，我和我的小伙伴都认真又努力。半天时间进行 5 千米长途拉练也是学军必修课。弯曲的山路上，我们相互加油打气，坚持走完全程也不吃一口苹果，不喝一口水。当全程拉练结束后，拿出兜里那个稍带有体温的苹果，放进嘴里咬下去的第一口，是世界上最好吃的水果……‘宝剑锋从磨砺出，梅花香自苦寒来’，短短的五天时间，我们少了分娇气，多了分坚强；少了分依赖，多了分自强；少了分怨天尤人，多了分勇往直前。”

3.“乐享学农”提升实践创新

《义务教育劳动课程标准（2022 年版）》在课程性质中提出：义务教育劳动课程以丰富开放的劳动项目为载体，重点是有目的、有计划地组织学生参加日常生活劳动、生产劳动和服务性劳动，让学生动手实践、出力流汗，接受锻炼、磨炼意志，培养学生正确的劳动价值观和良好的劳动品质。“淘活动”“乐享学农”课程以探究式、启发式的教学模式为主，将课堂搬到田间地头、工厂农场，让学生走进自然、融入社会，强化动手操作，在真实的劳动体验中做到知行合一、行知并进，培养解决实际问题的能力和实践创新能力。

目前，上城区通过合作共建的形式，联合诸暨米果果素质教育基地、杭州兰里研学大本营、杭州清圆教育基地和长乐农场等素质教育基地，为全区六年级学生提供 80 余项“淘活动”学农课程。学生通过一周的劳动实践，养成热爱劳动的习惯，锻炼动手能力，并体会到劳动创造幸福、创造财富的道理，从而认识到劳动的伟大和光荣（见表 4-3-6）。

表 4-3-6　基地开发的学农课程

课程名称	课程简介
农耕农趣	介绍元代诸暨籍乡贤王冕“农耕农趣”的突出表现和杰出成绩，激发学生勤奋学习，奋发图强
稻米故事	追寻一粒米的生命之旅，体味悠久的农耕文化。中国是世界上最早栽培水稻的国家，作为一个农业国家，谷穗也出现在中国的国徽上。可是现在很多学生对自己天天吃的粮食都停留在粗浅的认识上，或是一无所知，甚至是对米饭感到腻烦。本课程从探究“一粒米”的故事开始，激发学生探究的兴趣，并通过自己的探索、研究、实践、总结等真正感悟到这一碗饭背后的真正意义，唤醒学生对食物、对自然的敬畏
大地种植	通过挖番薯等农田活动，激发学生对农作的兴趣，再以趣味游戏大地寻宝让学生了解认识部分农作物，学习种植农作物的基本方法，体会人与农作物相互依存的关系，体会农业生产的辛劳与快乐，养成爱护农作物、爱惜盘中餐、不浪费粮食蔬菜作物的良好行为习惯
手编草艺	稻草艺术编织，是以稻草为原料加工编制工艺品。可以编织各种图案，也可以编好后加印装饰纹样，既经济实用，又美观大方。让学生学习了解草绳的作用与编制方法，课程操作环节以稻草为主要材料辅以布条，利用古老索盘和摇杆，让学生自己动手绞合绳子。不仅可以提升学生动手能力，也能让学生了解古老绞绳技法和草绳在生活当中的应用，更能唤起大家的环保意识
欢庆丰收	当传统文化与经典将成为绝响，当乡土与村落将成为遥远的记忆，人们开始走进乡土追寻理想中“诗意的栖居”。随着现代文明的渗透超越，古老的农耕文化距离我们越来越遥远。现代的农业都是机械化，古法秋收的方法已经慢慢遗失。开设这堂课程目标是让学生感受农村稻谷丰收的喜悦，了解并体验农村古法秋收的过程。体会粮食的来之不易，让学生真正懂粮、爱粮、节粮
果蔬育苗	扦插育苗是指从植物母体上切取茎、根和叶的一部分，在适宜的环境条件下促使其成为独立的新植株的育苗方法。它能保持母株的优良基因，不易产生变异，而且苗木生长迅速，利于苗木繁殖。可以让学生了解并掌握果树育苗的意义及方法——扦插与嫁接
古法捕鱼	在农耕文化时代，打鱼狩猎是人们的谋生手段，经过千百年的经验和智慧的累积，发明了许多捕鱼方法。不过这些古老手法人们已经不再使用，现代捕鱼的方法会对环境造成破坏。通过介绍龙骨水车捕鱼的过程和原理，给学生展现古代捕鱼的场景
撒网捕鱼	使用捕捞工具捕获经济水生动物的生产活动，是水产业最主要的组成部分。中国的渔捕历史悠久，撒网捕鱼是最常见的一种方式。通过介绍使学生了解撒网的技术及网的材质、构造，了解古代人民的聪明才智、勤劳善良。

续表

课程名称	课程简介
挑水灌溉	灌溉是以人为措施从水源取水补给到农田的方法。灌溉不仅可以满足作物对水分的需要，而且能调节土壤空气、热量和养分状况。通过“挑水灌溉”游戏，让学生学习担水过程中平衡用力和用双手的技巧，学习浇灌农作物的简单技术，体验菜农田间劳动的艰辛，珍惜菜农的劳动成果，在日常生活中爱惜食物，同时增强学生的团队意识，使他们学会团队合作，体验劳动的快乐
动手筑篱	篱笆以前在农村是常见的，可随着农村环境的改变，现在农村也很少见了。不要说学生没见过，就连平常的百姓也很少筑了。通过趣味活动，让学生动手筑篱，让他们体会了解筑篱的过程，激发他们热爱劳动的热情
颗粒归仓	中华民族一直是勤俭节约的民族，“颗粒归仓”一词是我们优秀的祖先给人类的文化贡献，可当前，这个泱泱大国最稀缺的恰恰就是节约，很多资源已经枯竭或面临枯竭。对习惯了浪费的国人来说，“节约精神”一词似乎已起不到警示作用，必须强调“颗粒归仓精神”，也就是说对于任何资源都要有“一点一滴的节约精神”

案例 4-3-3 齐心协力做饭菜

“一粥一饭当思来之不易，半丝半缕恒念物力维艰。”学农第一天，孩子们的任务是小组合作来烧一桌子菜。新鲜的蔬菜、鲜活的鲫鱼、新奇的大灶，面对这些食材和工具，不管会与不会，撸起袖子加油干才是硬道理。于是，大家伙儿一个个都脱了外套，撸起袖子，烧火的烧火，杀鱼的杀鱼，切菜的切菜，淘米的淘米……第一次真的不容易！样样都是重大的考验，可是，没有人喊一声苦，叫一声累，边学边做，互相帮助，齐心协力。最后当看到自己的劳动成果时，不管味道如何，大家都吃得香香的。

（杭州市上城区青少年活动中心）

案例 4-3-3 呈现的是学农第一天孩子们做饭菜的情景。平时在家里生活无忧的孩子们，在为期一周的“学农”活动中，走在田埂上，踏入泥土里，在大自然这位老师的帮助下协作学习各类农业知识，劳作体验物力维艰，将课内外知识与实践相融。在知行合一中学会了责任，懂得了感恩。

“春耕、夏耘、秋收、冬藏，四者不失时，故五谷不绝。”学生们是田地的主人，通过一周的全方位体验，学生们走进乡村，感知到了农村的风土人情；通过播种的良好劳动习惯，收获到了健康人生；通过学习农业科学知识，关注了解到了科技前沿的魅力；通过拓展训练，唤起了生存和发展的生命教育。

朱永新教授在《未来学校——重新定义教育》一书中说：“未来学习中心是没有围墙的校园，甚至是虚拟的网络空间。学习中心可以是类似于传统中小学的学习机构，也可以在社区、科技馆、博物馆、图书馆或者大学。只要能够提供丰富的学习资源和良好的学习环境，都可以成为未来的学习中心。”

“淘馆”活动充分利用各类场馆资源，根据活动主题的不同、场馆功能的不同、交通方式的不同、地域分布的不同，设计形成串点成线、布局合理、互联互通的“淘馆”活动课程，并依托“淘活动”平台，让学生走出学校，走进场馆，在知行合一的过程中，拓展眼界，提高能力，把书本上固定的文字变成了心里流动的素养。从这个意义上说，“淘馆”活动，大概可以算是未来学习中心的雏形了吧。

参考文献

[1] 蔡元培．中国人的修养［M］．上海：上海教育出版社，2018.

[2] B.A. 苏霍姆林斯基．给教师的建议［M］．浙江：浙江教育出版社，2002.

[3] 鲁婧．“双减”背景下美育何为？听专家这么说……［Z/OL］．(2022-03-02)[2022-9-30]. http://ent.people.com.cn/n1/2022/0302/c1012-32363612.html.

[4] 赵宋光．音乐教育心理学概论［M］．上海：上海音乐出版社，2003.

[5] 冯建军．生命与教育［M］．北京：教育科学出版社，2004.

[6] 朱永新．未来学校：重新定义教育［M］．北京：中信出版社，2019.

第五章

“淘活动”淘的是童年幸福

我国著名教育家陶行知先生作出的“生活即教育，社会即学校”的精辟论述，是对教育本质最直接的描述，是“双减”背景下开展好校外活动的重要理论基础。“淘活动”作为一种综合实践育人的有效途径，一种数智时代育人方式的创新，它改变了学校教育和校外教育的衔接形式，正逐渐进入系统化教育之中，为学生德行培养和综合素养提升提供广阔的平台，对学生的全面发展起到极好的推动作用。所以，我们说，“淘活动”淘的其实是童年幸福。

第一节
“淘活动”奠基学生的未来成长

⦿

怎样的教育才是幸福的教育？苏霍姆林斯基在《怎样培养真正的人》中说：“在教学大纲和教科书中，规定了给予学生各种知识，但却没有给予学生最重要的东西，这就是幸福。理想的教育是，培养真正的人，让每一个从自己手里培养出来的人都能幸福地度过一生。这就是教育应该追求的恒久性、终极性价值。”教育的最终目的就应该是给学生幸福。“淘活动”的推出，就在于打造一个“双减”背景下的学生校外成长圈，围绕孩子的兴趣爱好开展活动，营造一个真实的、感性的、生动的、丰富的生活世界。

一、“淘活动”让孩子淘到了信心和责任

幸福是看不见摸不到的东西，但在孩子成长和以后的生活中起着重要作用。幸福感可以让孩子内心温暖而阳光，拥有健全的人格，并懂得如何爱他人。幸福感可以提高孩子生活和学习的积极性、抗挫能力，失败了不会轻易“倒下”。

他们会把内心的幸福带到以后的恋爱、婚姻和亲子教育中，让幸福延续下去。著名诗人夏巴尼·罗伯特在《童年》一书中写道："童年乃是人生的重要阶段。人的品性在童年开始形成。我们长大后成为什么样的人，取决于童年时的所学与所为。""淘活动"关注孩子的全面发展，积极拓展活动内容，创新活动载体，广泛开展教育实践活动，构建助力孩子幸福成长的教育格局，赋予孩子获取幸福的能力，帮助他们形成正确的价值观。

1. 带给孩子自信心

有自信的人可以走遍天涯海角，可以战胜任何艰难困苦，所以自信是人最重要的一个财富。"淘活动"给予孩子最重要的财富就是自信。

哈佛大学教育学教授霍华德·加德纳用多方面的研究成果证明：人至少有 7 种不同的智能——语言的智能、逻辑—数学的智能、视觉空间的智能、身体动觉的智能、音乐的智能、人际交往的智能、自我认知的智能。但传统的智力测验和应试教育往往只重视逻辑—数学智能和语言的智能，这对另外五种智能较高的学生来说其实是很不公平的。孩子在学习的过程中无法逃避"分数"的竞争，也会产生因"分数"而焦虑、敏感、不适、疲惫、煎熬等问题，以至于互相保密、互相歧视、互相嫉妒、互相隔阂、互相防范等失范行为出现。"淘活动"把文化、艺术、科技、体育等学科的知识进行了综合运用，促使各学科平等发展。没有所谓的"副科"，每门课程都是"主科"，任何孩子都可以根据爱好做出选择。孩子们走出校园，奔赴自然，深入乡土，感受历史文化，以愉快的心情，通过以玩兼学、玩学相济的方式，开阔视野、增智启慧、涵养德行，舒缓学习压力，找到学习的信心。这样，孩子们便有了选择展现自己最佳才能的机会，发现自己的兴趣和优势才能，并取得在学校里得不到的成绩和荣誉，进而又促进了他们的文化知识学习，形成良性循环。在"淘活动"中孩子找到了自信，练就了刚毅的品格，无疑将会一生受益。

案例 5-1-1 “鲲鹏展翅 雄鹰振羽”研学冬令营活动

2020年寒假伊始，杭州市上城区青少年活动中心组织开展了“鲲鹏展翅 雄鹰振羽”研学冬令营活动。活动中，孩子们参观了千岛湖机场，了解了机场的构成，学习了空管人员的职责和陆空通话话术，以及我国战斗机的性能和客机类型。在飞行训练中，大家学习驾驶模拟机，模拟飞行，在速度与激情中克服恐惧、掌握技巧、超越自我。活动结束后，孩子们纷纷表示非常喜欢这样的研学冬令营活动，不仅交到了新朋友，还在活动中锤炼了意志品质，战胜了自我。在今后的生活中，也一定会以勇敢、坚强的心态去克服困难，迎接挑战。

（杭州市上城区青少年活动中心）

案例 5-1-1 的“鲲鹏展翅 雄鹰振羽”研学冬令营活动，强调学生亲身经历各项活动，并明晰“我们的发现”“我们的问题”“我们的实践”的活动路径。这样的活动充分体现了“孩子为本”的理念。孩子们通过探索航空航天的奥秘，提升了主动探索知识、主动探究问题、创造性地解决问题的能力及沟通与领导能力，培养了坚韧不拔、团结协作的团队合作精神，进而获得了自信心。

案例 5-1-2 “我是攀岩小能手”活动

“我是攀岩小能手”活动中，孩子们在基地叔叔阿姨的带领下，完成了主题衔接式系列挑战任务。认识攀登装备，学习绳结打法，进行极具技巧性和冒险性的登山活动……要了解攀岩的注意事项，还要懂得如何在攀岩的过程中安全落地，保护自己。每一项任务对孩子们来说都是极大的考验。孩子们相互帮助、相互鼓劲加油，一次次的挑战成功，让他们欢呼雀跃。

（杭州市上城区青少年活动中心）

案例 5-1-2"我是攀岩小能手"活动从认识攀登装备、学习攀岩技巧要领、掌握绳结打法出发，通过以"攀登式"方式设置具有难度递进的主题衔接的挑战任务，驱动孩子们去自主解决问题，让孩子们在体验攀岩乐趣的过程中，增强体能和身体协调性，锻炼毅力和应变能力，使每个孩子在完成一个个挑战任务的过程中增强自信。

2. 带给孩子乐观心态

一个乐观的人，在面对困难的时候也是充满勇气的。他不会轻易被困难打倒，不会被前进道路上的阻碍影响情绪。只有乐观的人，才能更好地把控自己的人生。现代社会是一个充满竞争的社会，应试教育造成的种种竞争，给孩子、家长、老师都带来一定影响，孩子的心理问题日益突出。在现状无法避免的情况下，"淘活动"致力于培养孩子的社交能力，通过活动引导孩子掌握正确的社交方式，如分享、交流、协商、合作等。同步建立起良好的人际关系，鼓励孩子与同龄人一起玩耍，学会愉快融洽地与人交往。同时给孩子一定的决策权，给孩子提供充分自主选择的机会，让他们自己决定选择什么不选择什么，参与什么活动不参与什么活动，家长只是作为指导者做好配合和补充。不仅如此，"淘活动"还通过音乐鉴赏、书籍阅读、体育锻炼、团队协作、社会实践等活动，让孩子不断释放学习、生活和家庭在无形之中带来的压力，让他们在全面放松的状态下，潜移默化地修复不良情绪。

案例 5-1-3 伙伴畲乡趣味研学营活动

伙伴畲乡趣味研学营活动是"淘活动"系列活动中的一项热门活动。活动中，孩子们聆听畲乡古乐，体验别具一格的"昆曲十番"；包长粽、蒸发糕，感受地方美食文化；访独山古寨，去大自然中写生，与大自然来一次亲密接触；游千年金矿遗址，感受淘金乐趣。在安徒生乐园里，孩子们记忆中的丑小鸭、海的女孩、拇指姑娘、卖火柴的小女孩、豌豆公主……全都出现在了面前。

（杭州市上城区青少年活动中心）

读万卷书，行万里路，学习在远方，自然是教材，最好的课堂在路上。案例 5-1-3 伙伴畲乡趣味研学营活动强调“伙伴”共同参与、分享，让孩子们通过具体的项目体验，品味浓郁的民族民俗风情，感受文化魅力，感受畲乡的“自然味”和“乡野趣”，了解畲族历史的丰富内涵。让他们在感知来自民族和地域的特色与精粹、享受研学快乐的同时，增强民族文化自信。

3. 带给孩子责任感

我国学生发展核心素养以培养“全面发展的人”为核心，分为文化基础、自主发展、社会参与三方面。其中，社会参与重在强调能处理好自我与社会的关系，养成现代公民所必须遵守和履行的道德准则和行为规范，增强社会责任感，提升创新精神和实践能力，促进个人价值实现，推动社会发展进步，发展成为有理想信念、敢于担当的人。“淘活动”打造了一个校外成长圈，丰富了孩子们课后生活，承担了孩子社会化的重要职责，让他们在活动中不仅学会克服困难，学会与人相处，学会动手动脑，还能接受理想和价值观教育，陶冶情操，为其健康成长奠基。参加“淘活动”，孩子们走出学校、走出家庭，不再是家里的“小皇帝”，不再是班级里的普通一员。他们要面对的是一个新的团队，一个新的集体。如何正确处理好自我和团队的关系，如何发挥自己在团队中的作用，如何在团队中成为一个有责任感的人，对每一个参与的孩子来说，都是需要考虑的问题。在活动过程中，有行动的体验，有思维的碰撞，有责任的担当。处处都是课堂，时时都有教育，“淘活动”对孩子良好的行为和道德形成起着积极作用，更让他们学会了合作，学会了分享，学会了接纳，学会了包容，学会了担当。可以说，“淘活动”丰富的育人资源，在孩子实践能力和兴趣爱好的培养上有天然的优势。它改变了目前教育重理论轻实践的状况，让教学模式变得丰富生动，让孩子们真正走入社会，走入大自然。“淘活动”具有开放性、地域性、体验性、趣味性和选择性的特点，寓教于乐，有利于满足孩子的兴趣需要，更有利于培养孩子的个性，促进孩子全面发展。

案例 5-1-4 “小小理财家”体验活动

“小小理财家”体验活动把孩子分成 6 个小组，以小组为单位接收任务卡，必须小组合作闯关来完成任务。于是，一个临时产生的组长带领着临时组成的团队开始了“小小理财家”之旅。在摇钱树上找古代钱币，考验每个成员眼疾手快的能力；通过多媒体平台完成“制瓷”“造纸”“铸钱”“丝织”任务，这也需要每个成员拥有一定的知识储备；完成“陆上丝绸之路”“茶马古道”“海上丝绸之路”运送任务，需要团队互相协作；完成寻找财神、制作财神版画、浇灌摇钱树等任务，需要组长的合理分工，组员的积极配合。“小小理财家”的每一项活动都需要以团队合作的形式完成，这既让孩子学习掌握了相关知识，又促进了团队融合。

（杭州市上城区青少年活动中心）

案例 5-1-4 中，“小小理财家”体验活动结合中国古代财税历史，让小小理财家们穿越到古代，以角色扮演的方式了解了财税起源、变革、继承和发展的历史，并通过历史场景式的竞争游戏，完成“制瓷”“造纸”“铸钱”“丝织”等任务，孩子们通过活动，走进了“财商”的大门。孩子们在活动中，凭借团队合作，掌握了理财技能，逐步建立起未来的成长规划并锻炼经济独立的能力。

案例 5-1-5 小营红巷研学活动

春假里，杭州市胜利小学五（1）中队小蜜蜂假日小队开展了走进中共杭州小组纪念馆小营红巷研学活动。活动中，小队的队员们参观了纪念馆，观看了1922年浙江第一个党组织成立的情景，了解到我们的革命先辈为了新中国，为了国家的富强、民族的独立、人民的幸福，是如何抛头颅洒热血的。孩子们在反复触摸红色文化中认识红色文化的实质内涵，并在校外辅导员的帮助下进行实践和反思，最终实现精神上的蜕变。

（金庆红　杭州市上城区青少年活动中心）

案例5-1-5小营红巷研学活动是“淘活动”中的传统类活动。活动针对儿童的认知特点，结合红巷丰富的红色资源，采用沉浸式、启发式、体验式等学习方法，设计出兼具实用性，趣味性和知识性的特色活动内容，以“潮起钱塘”“星火钱塘”“奔腾钱塘”和“今日钱塘”四个板块的任务挑战，让学生将讲解词以故事的形式印在脑海里，让他们学习革命先辈奋发进取、坚韧不拔的革命精神。

4. 带给孩子获得感

苏霍姆林斯基在《给教师的建议》一书中说：“请记住，成功的欢乐是一种巨大的情绪力量，它可以促进孩子好好学习的愿望。”“两耳不闻窗外事，一心只读圣贤书”已经不再为当今教育发展的潮流所认同。众所周知，很多知识光靠书本是不能充分理解内化的，孩子仅仅依靠死记硬背汲取知识，不仅容易遗忘，也容易在需要运用的时候没法调动知识。“淘活动”能够充分调动孩子们的学习积极性，给孩子们创设“学”的空间，让他们有更多自主学习的机会，即孩子们学得“活”，从而使其能力得到提高，智力得到开发，在学习体验中获得成功。通过“淘活动”，学生可以走出教室，走出传统课堂，与自然亲密接触，与人文亲切交流。孩子在充满神秘力量的自然环境中，可以嗅到泥土的芬芳，感受四季的变化；可以感受日夜的轮替，感知宇宙的强大。在自然界的浩瀚空间中，无论是神奇的生物，还是有趣的动物，孩子都可以去了解，去认知。在丰富多彩的人文世界里，孩子不仅可以感受文化与历史，还能体验幽默和温情。丰厚的人文信息、民俗资源、历史积淀、社会符号……都可以让孩子倾情融入，接受熏陶。孩子们走出课堂，走出校园，在广阔的社会中观察、寻访、探究，开阔了视野，获得了耳目一新的感受。再加上老师的适当引导，孩子很容易便能进入情境，萌发求知欲，激发创新精神，将所学的语言、文学、科学等知识运用在实践活动中，学会主动去探索问题。

案例 5-1-6 “非遗”传承体验活动

“和叔叔阿姨一起‘淘’”——“非遗”传承体验活动在杭州工艺美术馆举行。在体验活动中，通过陈列展示、说明介绍已具有年代感、与学生距离甚远的“非遗”文化，很快让学生获得了新鲜感。学生在“非遗”传承人的带领下，现场体验了篆刻、灯笼、伞画、串珠花边、陶泥、雕塑等六种“非遗”技艺。很多第一次体验这些活动项目的学生表示，博大精深的“非遗”文化还挺有趣好玩。动手之后，大家都被“非遗”文化的独特魅力所吸引，很多人表示很有兴趣学习掌握一门“非遗”技艺。

（杭州市上城区青少年活动中心）

“非遗”技艺蕴含了古代劳动人民的智慧。组织开展“非遗”文化体验活动能有效拉近学生与历史的距离，让他们走近传统文化。案例 5-1-6 中，孩子们“沉浸式”学习“非遗”文化知识与古老的技艺，亲手实践感受传统文化的魅力，在获得一种满满的成就感的同时，学习中国传统“非遗”文化的兴趣被激发，一种肩负起传承与发扬“非遗”文化的使命感也油然而生。

案例 5-1-7 “制作龙骨”活动

“制作龙骨”活动开始了。先是制作竹圈，把一根根细细的竹条弯成圈，并用铁丝固定；小组的每一个成员在自己完成竹圈制作后，再配合固定铁丝的同学固定竹条——先在竹条上定点，以保证竹圈能够平均分配在竹条之上，再合作捆扎，其间还可寻求老师的帮助。最后，大家一起你托我举，你装我摁，把一大根木棒不偏不倚固定在龙骨之上。整个制作过程涉及摆位、测量、固定，需要合作、互助、共享……在制作“龙骨”的活动中孩子们真正感受到了什么叫小组齐心，其利断金。

（吴丹娜　杭州市上城区青少年活动中心）

案例5-1-7呈现的“制作龙骨”活动中，虽然“龙骨”的制作工序繁多，工艺复杂，但学生们团结协作、奋勇争先，凝聚每个人的力量，成功制作了“龙骨”。这一过程提升了学生学习与动手的能力，培养了学生的责任担当意识，也充分发挥了群体的互动功能，增强了集体荣誉感，提高了团体凝聚力，培养了团队合作精神，其成功与获得感不言而喻。

二、“淘活动”让学生得到了全面发展

面对发展的学生，教育需要课程体系、育人模式、育人空间等多方面的协同创新，如此才能给学生更多的选择，让核心素养落地。特别是“双减”背景下，随着校外活动被越来越多的中小学重视，教育界更需要对其未来走向做深层次的思考。而“淘活动”注重培育、引导和激发学生内心的学习需要，促使学生在活动中主动学习，让每个学生的潜能在新的育人观念、育人机制中得到激发和释放，实现教育真正意义上的差异性公平。“淘活动”的有效开展能让学生的知识得到丰富，能力得到提升，也让学生获得全面发展的机会。

1. 提升了学生的学习能力

“淘活动”旨在充分培养学生乐学善学、勤于反思等能力，使学生明确学习和健康生活的重要性，发掘自身潜力，从而正确认识自我，明确个人规划和发展目标，最终实现自我管理、自主发展。正所谓“纸上得来终觉浅，绝

知此事要躬行”，学生参加“淘活动”，可以走出课堂，动手动脑，实现在做中学、学中做的教育目标。同时，学生还能在实践中学会思维辨析，实践后通过总结提炼出知识，形成真正属于自己的能力，实现了把书本上死板的知识变成了生活中灵活运用能力，把书本上固定的文字变成了心海里流淌的素养。因此，每一次深度的“淘活动”，都是对学生学习能力的全面塑造与提升，可以令孩子们终生难忘。

“淘活动”和“红领巾奖章”的深度融合，构建了人人可行、天天可为、阶梯进步的校内外一体化、数字化的评价系统，也从评价角度助力学生学习能力的提升。上城区“红领巾奖章”（火炬银奖）挑战营活动进一步考查了学生的礼仪规范、身体素质、合作能力、学习能力、表达能力、创作能力、协调能力、时事政治、党团队基础知识等，对学生的综合素养和勤学、善学的能力提出了新的要求，参与的学生只有在日常生活中就注重各方面能力的培养，才能在全区众多优秀的学生中脱颖而出，成为上城区的“火炬银奖”少先队员（见链接 5-1-1）。

链接 5-1-1
上城区“火炬银奖”挑战营活动

每一次“火炬银奖”挑战营，全体学生都需要参加多项考核，通过体能考核进一步提升了身体素质，磨炼了意志；通过理论考核进一步巩固了“四史”和时政知识；通过团队考核不仅锻炼了合作能力，而且收获了一群有趣、优秀的小伙伴。由此可见，“火炬银奖”挑战营就是一次全方位的学习。

2. 培育了学生的健康身心

升学压力、亲子关系、心理问题、交往能力，以及社会普遍关注的网瘾、近视等问题层出不穷，关注下一代的健康成长已经成为教育工作的重中之重。让学生过上健康、安全、快乐、美好的生活，是每一个教育工作者应尽的职责和义务，更是每一个教育工作者的担当和使命。“淘活动”作为针对学生个体发展而订制的体验性学习活动，学生可以利用听觉、视觉、嗅觉和味觉等多种感官来进行观察和体验，可以充分融入环境、观察社会、品味人生，促进心理、身体等多个维度的全面发展。参与户外活动，可以增强学生的自信；

参与徒步旅行，可以提高学生的创造力；参与探索实践，可以培养学生的协作能力、自律精神等。

表 5-1-1 “走读新上城”十大研学路线

路线板块	具体路线	内容
寻根	宋韵之旅	南宋御街、南宋官窑博物馆、清河坊历史文化特色街区、杭州博物馆（粮道山 18 号）、南宋皇城遗址、八卦田、老虎洞遗址、大资福庙、六部桥、南宋遗址陈列馆、太庙、二十三坊巷、鼓楼、德寿宫、孔庙
	孝廉之旅	孝廉文化馆（丁兰街道）、于谦祠、杭州孝道文化馆、杭州海塘遗址博物馆、于谦故居、“韩屏遗风”主题公园、周新祠、阮公祠、杭州历代清官廉吏墙（平海公寓四幢小广场）、文天祥皋亭抗论纪念台、三茅观、杭州市方志馆、沈干城沈乐山烈士纪念雕像
	名人之旅	胡雪岩故居、于谦故居（清河坊高银街）、郁达夫故居、钱学森故居、茅以升事迹展览馆、夏衍旧居、龚自珍纪念馆、潘天寿旧居、王文韶大学士府、伍公庙
承志	红色之旅	中共杭州小组纪念馆、毛主席视察小营巷纪念馆、郁达夫故居、钱学森故居、全国爱国卫生运动（小营巷）纪念馆、浙江革命烈士纪念馆（含革命烈士纪念碑）、杭州市革命烈士陵园、浙江公安英烈纪念墙、浙江革命烈士诗文碑林、江干红色精神教育馆
追梦	艺术之旅	中国美术学院（南山校区）、唐云艺术馆、浙江赛丽美术馆、杭州当代美术馆、西湖国画艺术馆、光达美术馆、浙江美术馆、上城区非遗馆、杭州万事利丝绸文化博物馆、刘江艺术馆、城管驿站（新塘路点）
	亚运之旅	上城体育中心体育馆（杭州亚运会足球比赛的场馆）、天城体育公园、李宁体育园、凯旋体育文化公园、百灵鸟江和美体育公园、上城区全民健身中心、定安路体育中心、九堡文体中心、丁兰文体中心、浜河部落
	时尚之旅	TOP TOY 杭州湖滨银泰 in77 潮玩集合店（盲盒、手办、积木、高达、雕像、BJD 娃娃）、杭州星空魔幻城（汉服体验、VR 体验）、量子空间主题竞技乐园（蹦床、射箭、真人 CS、L 型滑梯、舞蹈、星际穿越、VR）、汉韵汉服体验馆（板桥路平海旺角）、Nice to meet u 爱玩萌兔安哥拉巨兔主题馆（撸兔子）、SunnyArt 艺之光境艺术馆（国潮 5D 全息艺术馆）、独角兽星空艺术馆（现代艺术摄影区）、“梦回皋亭”4D 骑游体验馆、四季青 CBD 商圈“青春荟”
扬帆	自然之旅	城隍阁、运河博物馆、钱王祠、万松书院、八卦田遗址公园、玉皇山、凤凰山、吴山、千桃园、皋亭山景区、玉皇山南基金小镇景区

续表

路线板块	具体路线	内容
扬帆	科学之旅	西湖博物馆、蒋筑英纪念馆、乐渔教育科技有限公司、钱塘江博物馆、胡庆余堂中药博物馆、中国丝绸博物馆、中国财税博物馆、中国杭帮菜博物馆、朱炳仁铜艺术博物馆、杭州历史博物馆、杨柳郡 TOD 未来社区
	职业之旅	方回春堂、西泠印社书画社、杭州工艺美术博物馆、嘟嘟城、浙江美术馆、上城区文化馆、浙派古琴、大华书场、平加扇艺、上城"非遗"馆

表 5-1-1 呈现的是"走读新上城"十大研学路线。由上城区教育局、上城区团区委、上城区文广旅体局共同设计。这十大研学路线涵盖寻根、承志、追梦、扬帆四大研学板块，下设宋韵、孝廉、名人、红色、艺术、亚运、时尚、自然、科学、职业十大主题。上城的学子们通过"走读新上城"研学，赓续红色血脉，传承宋韵文化，强健个人体魄，弘扬清风正气，感受新上城的幸福文化底色。

3. 培养了学生的审美情趣

审美情趣是人文底蕴素养的重要表现之一。拥有审美情趣的人，具有艺术知识、技能与方法的积累，能够理解和尊重文化艺术的多样性；具有发现、感知、欣赏、评价美的意识和基本能力；具有艺术表达和创意表现的兴趣和意识，能在生活中拓展和升华美。在平时的学习和生活过程中，学习的压力使学生很难有置身于自然中欣赏美的机会，"淘活动"则带给了他们在学习之余亲近自然提升审美情趣的舞台。作为校外实践活动平台，"淘活动"十分注重学生欣赏和评价美。如，学生在音乐技能培养过程中，不仅能够学习一项技能，还能够跟随乐团一同去各个舞台演出，不断提升自己对于音乐的热爱和光荣感，在潜移默化中对音乐也有了自身的看法并加以改进和创作。这样的创作活动，有效发展了他们获取美和升华美的审美情趣。

2018 年，杭州市天杭实验学校交响管乐团成立；2019 年，成立仅一年多的天杭管乐团代表浙江地区参加全国管乐界最高级别比赛——"上海之春"国际音乐艺术节暨"中华杯"第十三届中国优秀管乐团队展演，斩获全国金奖，荣获最高荣誉“示范乐团”称号。在管乐团里，队员不仅学习音乐技能，提高了个人音乐涵养，还相互鼓励，在学习成绩上也相互督促，在各方面都取得了诸多进步（见链接 5-1-2）。

链接 5-1-2
杭州市天杭实验学校交响管乐团

4. 培养了学生的劳动意识

劳动教育作为促进学生形成劳动价值观和养成劳动素养的教育活动，将劳动、实践、活动三者进行了有机结合。实践活动是学生走出校门了解社会、服务社会的有效途径，而把劳动融入社会实践中，是实践活动的特殊形式。劳动教育最核心、最本质的价值目标就是培养学生尊重劳动的价值观，培养学生的劳动热情与劳动积极性等素养。近年来，上城在开展传统的“学农”活动之外，还结合高度城市化的区域特点，将劳动教育融入“淘活动”中，打造了上城劳动教育的特殊形式——“筑家”行动。该行动引导区域内中小学生主动参与并坚持日常的家务劳动，在参与家务劳动的过程中主动与家人共建共享美好家庭生活，感受“劳动创造美好生活”的内涵意义，充分挖掘劳动的独特育人价值。上城区还打造了极具特色的“筑家”劳动体验馆，制定了《新城市劳动教育 1—9 年级 18 项劳动技能清单》，开发设计了与现代生活相适应的劳动教育课程，以学生最亲近、最熟悉的“家”作为开展劳动实践的主要场域，在模拟的“家”中帮助学生学习使用新式劳动工具，掌握新的劳动技能，在构筑“家”、建设“家”、创造“家”的过程中形成安排劳动事务、规划未来生活的初步能力，为将来参与更复杂的社会劳动做好准备。

案例 5-1-8 学生居家参与家务劳动

劳动教育是最好的生活教育。上城学子们在寒假期间积极参与居家劳动，化身“生活劳动小能手”，在劳动实践中学习，在劳动担当中历练，在劳动中快乐成长。择菜，洗菜，做饭，洗衣，扫地，折叠衣物，整理房间……尽管有不少孩子还是第一次做家务，但是没人叫累。不会做就边学边做，今天没做好，明天再继续……一次又一次反复实践，看到自己越做越好，孩子们心里比吃了蜜还甜。

（杭州市上城区青少年活动中心）

案例 5-1-8 呈现的是上城学生在居家参与家务劳动的画面，平时习惯“衣来伸手饭来张口”生活无忧的孩子们，要和爸爸妈妈一同完成家务劳动，虽然有很多困难和不熟练，但经过一次次的居家劳动，他们袒露出心声：亲手做过饭才知道父母的不容易，柴米油盐里满满装着父母的爱。自此，心中多了一份感恩，一份承担，这就是成长。

第二节
“淘活动”成为上城教育“金名片”

上城区教育局作为全国未成年人教育先进单位，在扎实做好“规定动作”之外，还打好了一张“创新牌”——以“淘活动”为载体，在建立多年的生存教育基地、国防教育基地、劳动教育基地，坚持组织开展四年级学生存、五年级学军、六年级学农的“三学”活动，以及“玩转周末”“玩转假期”等一系列公益活动，使上城孩子增长了见识、丰富了体验、学会了交往。2021 年 7 月，“双减”政策推行后，上城区又依托“淘活动”平台，利用数智化技术，合理统筹社会资源，以“淘活动”构建学生校外成长圈，最大限度地满足学生对高品质校外活动的需求，亮出了上城教育的“金名片”（见图 5-2-1）。

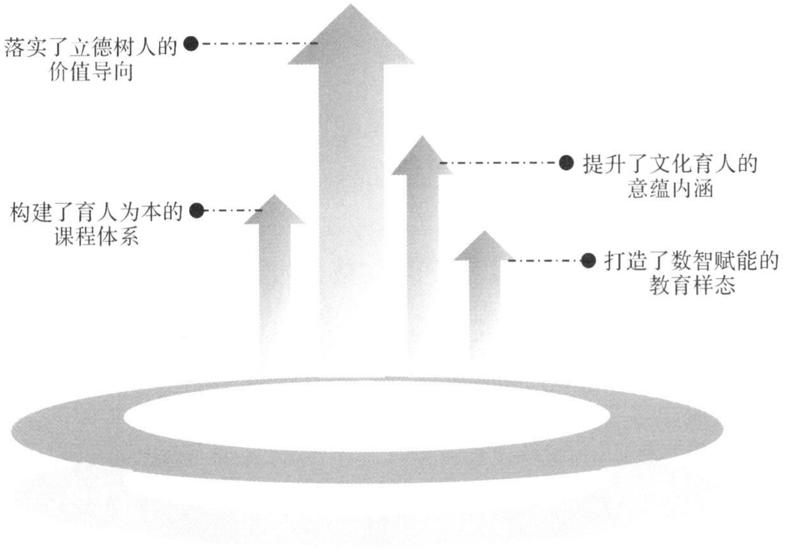

图 5-2-1 “淘活动”成为上城教育金名片

一、落实了立德树人的价值导向

立德树人是新时代发展中国特色社会主义教育事业的核心所在，是培养德智体美全面发展的社会主义建设者和接班人的本质要求。开展“淘活动”，正是新时代落实立德树人根本任务的重要途径，有利于促进学生培育和践行社会主义核心价值观，激发学生对党、对国家、对人民的热爱之情；有利于发展素质教育，创新人才培养模式，引导学生主动适应社会，促进书本知识与生活经验的深度融合。

1. 让“淘活动”成为落实立德树人的重要途径

面对新时代新要求，需要教育者站在实践育人、全面育人的高度，充分发挥“淘活动”在立德树人中的重要作用。特别是要把培养学生的社会责任感、创新精神和实践能力作为重点目标，与社会主义核心价值观教育有机结合，落实到“淘活动”的具体活动内容中。因此上城教育在“淘活动”的课程设计中，更加注重学生的政治引领和思想启蒙，系统构建了具有“淘活动”特色的实践育人体系，形成校内与校外齐心协力、互相配合的实践育人工作格局，确立了相互配套、协调一致的实践育人常态长效机制，构建起“全科育人、全员育人、全程育人、全方位育人”的系统化创新人才培养体系。

2. 让社会主义核心价值观成为学生成长的“芯片”

社会主义核心价值观是当代中国精神的集中体现，凝结着全体中国人民共同的价值追求，是教育工作的“魂”。核心价值观教育是校外教育的重要组成部分，具有特殊重要性。把爱国主义和红色传统、红色精神有效传播到青少年之中，引导青少年坚定理想信念，为实现中华民族伟大复兴中国梦努力奋斗，是红色教育的根本任务。“淘活动”中的革命传统教育系列就是针对青少年的思想意识特点，利用红色资源丰富的内涵和强大的精神能量，把握好引导的内容和角度，帮助青少年牢固树立为实现中华民族伟大复兴的中国梦而奋斗的理想，坚定中国特色社会主义的信念，重点解决引导内容的针对性、传播路径的适用性和工作对象的普遍性问题，真正使思想引导工作深入浅出、生动活泼，不断增强“四个自信”，使社会主义核心价值观在青少年学生头脑中深深扎根。

3. 让青少年学生树立伟大复兴中国梦

随着经济社会快速发展，当代青少年的需求和利益更加广泛具体，成长和发展需要更多的支持与帮助。“淘活动”充分发挥了政治、文化、经济等的综合功能，竭诚服务青少年学生成长发展，努力为青少年学生“圆梦”创造条件。教育是中华民族伟大复兴中国梦的基础工程，要拓展思路，按照教育性、实践性、安全性、公益性的原则，以立德树人、培养人才为根本目的，因地制宜开展校外活动，使广大青少年学生深刻了解党带领全国各族人民不懈奋斗的光荣历史和伟大历程，坚定不移跟党走，传承红色传统作风，接受红色精神洗礼，增强开拓前进的勇气和力量，成为广大青少年学生遇到困难时想得起、找得到、靠得住的强大精神力量。为建设创新型国家、为“两个一百年”奋斗目标和中华民族伟大复兴中国梦的顺利实现打好基础工程。

二、构建了育人为本的课程体系

“淘活动”是校外教育的创新形式，培养核心素养不可缺少的重要方式与途径。“淘活动”倡导在旅行中探究、在探究中运用、在运用中学习，其有效实施有助于消除学校课程和现实社会的壁垒，打通知识世界、经验世界与生活世界的联系，为学生提供丰富多彩的探究情境、多种多样的学习机会、富有挑战的课程经验，使学校课程回归生活的本位和课程的原点，具有重大的课程论意义。这样的活动课程能够激发学生体验的内驱力，拓展学生体验的活动空间，促进学生素质能力的养成，培养学生解决问题的能力，使学生成为一个有益于家、国、天下的大气之人。

1. 明确核心素养导向课程目标

从课程目标的设计类型来讲，有四方面：第一是知识性目标。校外活动中学生获得的知识，跟学校系统的学科课程相比是有区别的。学校的学科课程主要是教师的系统讲授，而校外活动的学科课程来源于学生的实践和体验的过程。第二是能力性目标。在校外活动课程中的这种能力目标，应该不是单一维度的，而是多维度的综合能力。这里既有认知与思维能力，也有发现问题与解决问题能力、社会参与合作能力等维度。第三是情感、态度价值观领域的目标。情感领域目标是学生在校外活动课程的体验过程中的重要目标维度。第四是核心素养目标。我们国家现在制定的核心素养的框架由文化基础、自主发展、社会参与三方面构成，体现了马克思主义关于人的自主性、社会性、文化性等本质属性的观点，整合了学生个人、社会和国家三个层面对学生发展的要求。

2. 有效统筹社会各类课程资源

校外活动课程可能更强调要超越教材、课堂和学校的局限，在活动时空上向自然环境、学生的生活领域和社会活动领域延伸，密切学生与自然、与社会、与生活的联系。校外活动的开展要以统筹协调、整合资源为突破口，从立德树人、培养人才的根本目的出发，站在综合育人的高度，再基于核心素养的形成来进行统筹、设置和实施。在此过程中就要进行资源的梳理、整合，包括学校内的学科整合、多学科整合、跨学科的整合，甚至是跨界的整合。在这里边，比如说整合资源，要结合地区的情况、学校的情况、学生的实际情况，比如自然文化遗产、红色教育资源、综合实践基地，包括科技馆、知名院校、工矿企业、科研机构等，都可以去进行充分的挖掘、整合可利用的资源。

3. 彰显上城系列校外课程特色

校外活动课程的开发是一套经过系统设计的育人目标框架、它的落实需要从整体上去推动各个方面、各个环节的对接、融合，不光是学校、企业和校外机构，还包括各个单位、各个机构的对接、融合，最终形成以学生发展为核心的综合课程体系。学校和基地在设计校外活动课程时需要将活动内容直接与社会现实相融合，注重在直接经验中引导学生的体验。“淘活动”以学生为中心，通过设计实践活动不断开发和利用这一无形重要课程资源，围绕真实情景中的问题展开探索，激发学生最原始的经验，促进学生主动学习，主动思考，解决现实中的问题；拓展学生体验的活动空间，开发与利用学生独特的生活体验；引领学生体验生活，做健康生活的主人。

三、提升了文化育人的意蕴内涵

早在党的十九大报告中就指出，没有高度的文化自信，没有文化的繁荣兴盛，就没有中华民族的伟大复兴。文化自信源于文化认同，文化认同源于对民族文化的深厚情感，传递传统文化、凝聚民族认同、重塑民族精神、增强文化自信具有重要意义。中国传统文化作为一种良好的社会资源，与“淘活动”结合在一起，一方面丰富了校外活动的内容层次，使活动形式多元化；另一方面“淘活动”平台帮助传统文化开拓了其传习人群体规模，让“人”和“物”有了生命力。

1. 唤醒文化自信，培养青少年保护和传承传统文化的责任感和使命感

中国传统文化的丰富性、生动性与多样性，既展现了中华文化的绚丽多姿，又推动着中华文化的现代转化与创新，增进青少年的文化认同和文化理解，培养他们对祖国传统文化的深厚情感，促进中华文化的传承和发展。“淘活动”让学生接触到更真实的传统文化生态环境、更丰富的实物资料和更专业的活动场地，从而对传统文化有更深刻、直观、全面、系统的认识。以传统文化为主题的校外活动，全方面调动学生的眼、耳、口、心、手、足，让他们更深入地了解、学习、体验、感受这些文化财富，让他们更充分地浸润于传统文化的魅力，成为文化的传承者。

2. 促进文化参与，让青少年在活化的教科书中提升关键能力

《中国学生发展核心素养》确立了我国学生的六大核心素养，其中“人文底蕴”居于首位。传统文化对培养人文底蕴具有独特功能。多样化的传统文化项目为“淘活动”提供了丰富的课程内容，便于开发出高质量、口碑好的研学课程。众所周知，我国优秀传统文化数量巨大、品类众多、形态多样、内涵丰富。围绕传统文化进行课程设计，内容上既可以将多个传统文化项目组合，也可以针对某个项目形成专题研学活动。基于传统文化“淘活动”的开展，学生通过体验传统文化，获得参与实践的丰富经验，使传统文化传承需要的问题意识、实践能力、创新精神等良好的综合素质得以保障。对学生成长必需的人生智慧、生活方式、思维方式和价值观念的形成与确立不仅是

一种“材料”，更成为一种“养料”。

3. 绽放文化魅力，让青少年成为具有中国特色世界眼光的人

中国传统文化是民族的，更是世界的。“淘活动”通过特有的活动形式把中国传统文化的丰厚底蕴和科学前卫的现代意识，东方文明的独特神韵和西方人文的哲理思辨，和谐地融为一体，让青少年拥有理解、包容不同文化、风俗的胸怀和品质，能够正确认识和处理在竞争的同时进行合作，更富创造性地迎接世界的挑战，走向健康、和谐的未来，并在活动中增强民族自尊心和责任感，养成强烈的民族文化认同感和民族自豪感，具备国际交流、理解、合作、竞争的能力，成为有中国灵魂、有世界眼光的现代人。

四、打造了数智赋能的教育样态

突飞猛进的信息技术，特别是移动互联网的发展，创造了跨时空的生活、工作和学习方式，教育的方式也在发生根本的变化，教与学可以不受时间、空间和地点条件的限制，知识获取的渠道灵活、多样。这些都意味着教育教学活动和信息技术发展融合已经成为必然的趋势。信息技术发展不仅成为开展“淘活动”的需要，也成为深化“淘活动”的需要。

通过信息科技的深入应用，“淘活动”在课程设计、活动报名、评价管理等方面得到极大改观，智慧“淘活动”的创新实践尝试正是针对“淘活动”的深刻“技术升级”。智慧研学实践教育营地主要是将更多人工智慧、传感技术、虚拟现实、多媒体等高科技技术植入课程建设、专题教室、营地建设、基地建设、师生培训、运营管理等各个环节，并且被普遍互联，形成物联网，再与“互联网”整合在一起，实现与项目干系人的整合。

1. 建设数字化服务平台，实现活动报名“跑零次”

教育改革的阵地正从课堂教学向校外活动延伸。要加大校外活动数字化

转型的力度，探索基于各种生态的校外活动过程数字化方式，从活动报名、活动资源、活动过程、活动评价等方面进行数据采集、分析和应用，实现活动数字化。“淘活动”平台就是这样一个集“报名、参与、评价”于一体的数字化服务平台，实现了以“技术赋能”让整个流程更便捷。建设“淘活动”平台，实现了学生参与活动“一体化申报、一体化反馈”；推进全流程“不见面报名”，加速实现学生参与校外活动“全程网办”，让学生“不跑路”“不排队”。学生只须在手机端浏览“淘活动”开设的各个活动并点击自己感兴趣的活动项目选择报名即可，实现了活动报名“跑零次”。

2. 建设高品质活动集群，实现实践活动“一键淘”

集群的最大优势就是降低成本、提高竞争力。“淘活动”平台不仅集成了全区中小学、街道、社区、公益机构、企业等各个机构主体开设的各项活动，更将省内外、国内外研学实践上挂至平台，打造了上城高品质活动集群。“淘活动”平台通过集群，把优质活动资源不断面向全体学生开放，降低了学生了解活动、参与活动的成本，在开放过程中对活动资源不断进行改进和创新，进一步提高了“淘活动”平台的吸引力和竞争力，形成高品质活动集群的良性循环。学生可在高品质活动集群化的平台上根据实际需求在网上选择报名，实现实践活动“一键淘”，进一步提高了学生的参与度和幸福感。

3. 建设大数据联动机制，实现评价管理“数字化”

“淘活动”的推出从区域角度，推动了5G、大数据、云计算、人工智能等新一代信息技术的应用；持续推进了信息网络、平台系统、数字资源、智慧校园、创新应用、可信安全等新型基础设施建设。打造了智慧教育公共服务平台，统筹学习、教学和管理过程中的大数据，建立了区域、学校等不同网络主体间的教育大数据仓，促进教育数据的贯通共享；组建教育大脑，统筹推进数据融合融通，面向学生、教师和学校建立数据应用和分析模式。同时利用数字技术，对学生参与活动的评价方式进行改革，制定数据采集标准，促进数据的互操作性，推进学生校外活动数据全方位采集，制定综合素质评价体系和标准，完善学生新型能力建设。并优化组合基于数据的评价方式，促进评价过程与学习过程的紧密结合，实现在活动过程中完成评价。

多年来，“淘活动”已成为上城“伢儿们”幸福成长的一个重要元素，成为“双减”背景下上城校外实践活动的优秀样本。上城区曾先后在浙江省政协“双减”背景下校外素质教育服务供给调研、省市校外教育督导评估等会议上就“淘活动”做经验分享和介绍，均深受好评；杭州市上城区青少年活动中心撰写的案例《淘活动：“双减”背景下的学生校外成长圈》获评浙江省第八批“双减”优秀实践案例。杭州市政府通过杭州市“双减”工作专报、中共杭州市委办公厅印发的《杭州信息》刊登了案例《淘活动：“双减”背景下的学生校外成长圈》，杭州市教育局授予“淘活动”德育金名片一等奖……“淘活动”的影响力越来越大，已成为上城教育的品牌。而这样的品牌效应又激励和鞭策着“淘活动”不断在活动中创新，在创新中发展。

第六章
走向未来的“淘活动”

面向世界，面向未来。“淘活动”平台作为走进数智时代的新学习平台，其价值不仅体现在为学生提供类型丰富的活动资源，促进学生全面发展，它的深层次价值还体现在基于大数据、人工智能等信息技术，为学生的个性化成长画像，促进家庭、学校、政府、社会教育的有效衔接，为教育治理现代化赋能。“淘活动”不仅是一种活动的载体，一种活动资源集合的平台，更代表了一种面向未来的教育理念。本章从“淘活动”促进学生成长个性化和教育治理现代化两个维度出发，展望“淘活动”的未来发展之路。

第一节
为学生的个性化成长画像

⊙

随着教育领域一系列改革的深入推进，教育的大环境正在发生着日新月异的变化，各项政策与举措都让对学生的管理和评价发生了很大的变化，使得教育工作者不得不重新思考和审视对学生的评价。每个学生都是独立的个体，有着不同的兴趣爱好、性格特点和接受能力，基于此，“淘活动”希望能够在提升学生的综合素养方面着力，借助技术的力量革新评价内容与评价方式，为学生的个性化成长服务。

一、实现综合素质电子化评价

落实立德树人根本任务，培养学生的综合素养，需要紧紧牵住教育评价改革这一“牛鼻子”。2020 年 10 月，中共中央、国务院印发《深化新时代教育评价改革总体方案》，为区域教育评价改革提供了根本遵循。上城区一直积极推进中小学生综合评价改革，围绕“身心健康、品质优秀、学业上乘、素质全面、个性鲜明”的学生发展目标，制定“上城区中小学生综合评价报告单”，反映学生的品德发展、学业发展、身心发展、审美素养、劳动与社会实践五方面的情况。这些评价主要基于“学校大脑”采集的学生校内课程学习数据，而学生的校外活动数据采集情况基本空白，“淘活动”平台则为我们采集学生的校外活动数据、深度刻画学生数字画像、形成更加完整全面的评价提供了可能。

1. 记录学生成长足迹

对于每个学生而言，成长过程中参加的每一次活动都是弥足珍贵的体验，它带来的不仅是一次次活动的经历，更是知识的丰富、视野的开阔和人生阅历的增长。“淘活动”平台通过数字化的形式，为每个学生的活动留痕，记录学生成长的足迹。随着学生活动的丰富度和参与度进一步提升，“淘活动”平台能够借助大数据、人工智能、区块链技术，采集学生在不同活动场景中的过程性数据，实现数据的常态化、伴随式归集，以“一生一案”的形式为每个学生建立个人电子化成长档案，记录学生在各个年级参与的各类活动。

电子化成长档案设有“认识自己”“成长足迹”“活动积分”“荣誉墙”等系列栏目。每个学生可以在“认识自己”栏目中对个人基础信息予以完善，进行个性化地介绍，列出自己一定时期内的成长目标。“成长足迹”将全面采集学生参加活动的数据，学生也可以自己上传参加活动的照片、活动感想等内容。成长档案对学生参与的活动、获取的积分、活动表现状况等情况进行详细地呈现，是对学生参与各类活动的全面观察与记录，能够直观、准确地呈现学生的成长轨迹。

为了更加全面地反映学生的成长数据，通过“淘活动”平台联通各个学校的“智慧大脑”（见图 6-1-1），打破数据壁垒，实现各类数据的互融互通，从而将“淘活动”建设成为促进学生成长、提供各类数据支撑的平台系统，“淘活动”平台将根据各类数据，不断完善学生的个人成长档案，并将档案中的数据反馈给家长和老师，帮助他们全方位了解学生，共同为学生的成长助力。

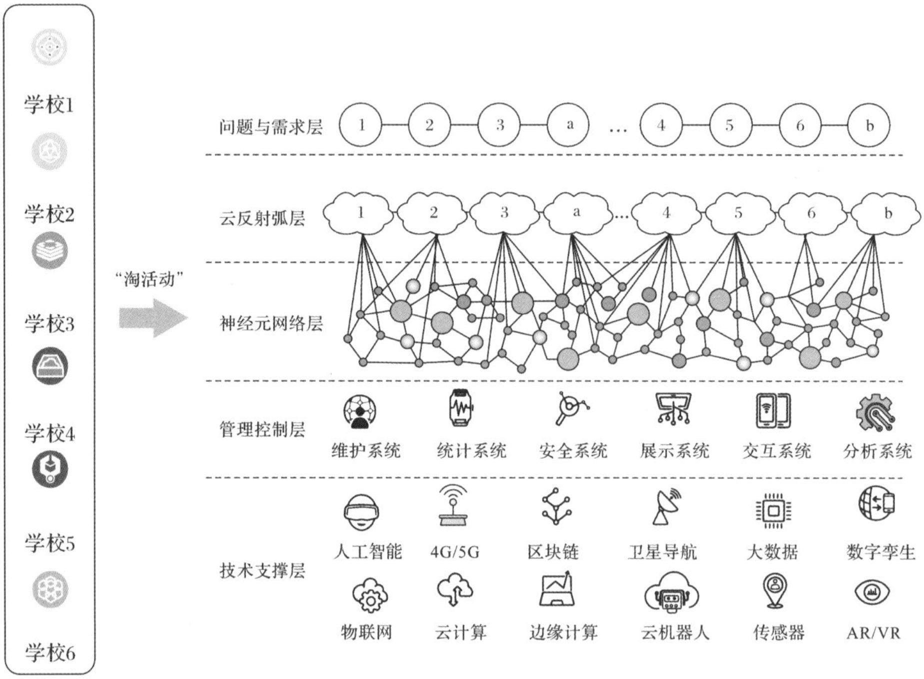

图 6-1-1 “淘活动”与全区各学校的“智慧大脑”连接图

2. 构建基于活动的综合评价模型

基于每个学生的成长档案，畅想在“淘活动”平台引入 5G、物联网、智能感知等技术，赋能中小学生的综合素质评价。借助 5G 和物联网技术，系统可以采集学生的活动地点、活动环境等数据；运用智能感知技术，精准识别学生的语音语调、动作行为等数据。平台将根据这些学生数据进行提取，形成能够真实描述学生特征和行为的数字画像，平台将根据这些画像构建基于活动的综合评价模型。

以往的学生评价主要是基于学生在学校的课堂行为表现，呈现德智体美劳等方面的发展情况。“淘活动”平台可以采集学生参与各类校内外活动的数据，这些数据能够客观地呈现学生在实际活动场景中的表现行为，体现出学生在活动中各个维度的表现，如学生与同伴的合作情况、个人的语言表达、对相关内容的调查研究情况、解决实际问题的情况等。另外，实践活动是一种多主体参与的集体活动，包括学生、活动组织者（教师、辅导员、场馆志愿者等）。因此，“淘活动”平台为学生的综合评价带来了评价内容和评价主体的转变。

“淘活动”平台中的评价模型，可以更全面地对学生在实践活动中呈现的语言表达能力、合作能力、调查研究能力、解决实际问题能力等方面做出评价。评价的主体可以包括学生，组织活动的教师、辅导员或场馆志愿者，这些主体可以在活动结束后通过平台独立进行自评、互评，评价结果作为综合评价模型的重要数据来源，通过数智分析形成以学生为中心的360°综合素质评价指标模型（见表6-1-1）。

表6-1-1　上城区中小学生实践活动维度数据采集扩展数据项

一级指标	二级指标	扩展数据项	评定主体
社会实践活动	语言表达能力	1. 在活动中进行完整自我介绍；2. 能够与其他同学或老师进行较好的沟通；3. 能够进行演讲或辩论	学生 教师 场馆志愿者 辅导员
	合作能力	1. 能够与同学一起共同参与活动并完成任务；2. 与队伍中的同学关系融洽并能结交新朋友；3. 能够扮演小组或活动队伍中的某个角色	
	调查研究能力	1. 能够对活动中的相关内容进行研究；2. 掌握一定的调查方法；3. 学会使用一定的调查工具	
	解决实际问题能力	1. 能够准确理解活动中遇到的问题；2. 独立提出解决问题的方法；3. 能够较好地解决实际问题	

3. 生成五育发展报告

为了更加直观地反映学生各方面的表现情况，让参与学生成长的各个主体对学生进行更深层次的了解，进而实现教师的精准教学和家长的高质量陪伴，共同帮助学生“扣”好人生的“扣子”，未来的“淘活动”平台可以基于各端采集的数据，对应德智体美劳等不同评价维度成长值，在一定周期内自动生成每个学生的五育发展报告，并形成五育发展的“雷达图”（见图6-1-2），从而完整、直观地呈现出学生五育发展情况。同时，提供同年级平均成长值和成长变化曲线，实时反馈到教师和家长的信息服务端，让教师和家长能够随时获取学生某一阶段各方面的成长数据。

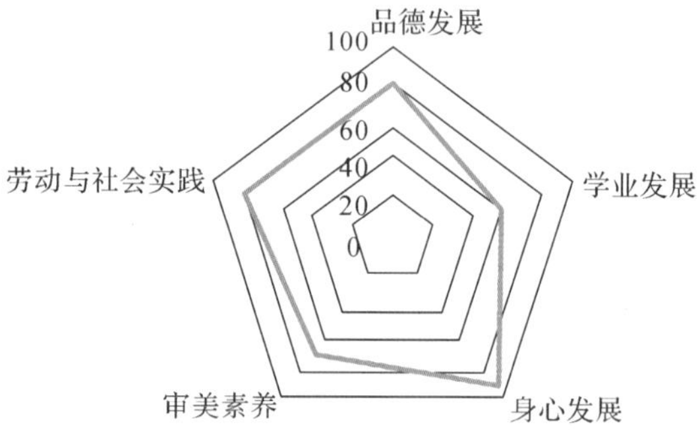

图 6-1-2 学生五育发展“雷达图”

通过五育发展报告，学生可以清晰地了解自己的兴趣爱好、擅长领域和不足之处，从而为自己后续的学习和活动制定目标。教师和家长可以帮助学生分析优势和薄弱环节，引导学生确定发展目标，实现与学生的共同成长。同时，平台还会根据不同学生的发展状况实现后续活动的精准推送，从技术层面助推学生的全面发展。

二、“双新”背景下的学习方式变革

2022 年 3 月，教育部印发《义务教育课程方案和课程标准（2022 年版）》，新修订了义务教育课程方案和 16 个课程标准（简称“双新”）。新修订的义务教育课程方案更强调素养导向，优化课程内容组织形式，突出实践育人，是具有科学性、时代性、整体性的课程方案，面向的是未来育人方式的创新。在这样的背景下，“淘活动”平台作为具有高度资源整合功能与高度智能化的平台系统，在推进学习方式变革方面大有可为。

1. 从固定学习到泛在学习

过去，学生的学习主要集中在学校，是在教师有目的、有计划、有组织的指导下进行的一种被动接受知识的固定学习。虽然能够帮助学生在短时间内学到大量的知识，但这种学习方式是以教师为主导的学习方式，学生的学习往往缺乏主动性，也很难激发学习的内驱力。伴随着无线通信技术和多媒体技术在教育领域的广泛应用，学习方式已经从固定学习逐渐演变为泛在学习，即学生在任何地方、任何时间都可以学习任何内容，可以借助电子书、手机、电脑等学习工具进行学习。

在泛在学习的背景下，未来的“淘活动”平台将成为一个新型的学习工具。平台整合各级各类活动资源，学生可以在平台上根据自身的需求选择并参与自己感兴趣的学习活动。这些活动都由专业的教育工作者筛选、由接受过培训的教师及辅导员组织、政府官方背书，专业性强、质量较高，能够满足学生的泛在学习需求，同时也能够确保活动的效果。除了线上活动资源的组织和推送，“淘活动”平台还可以配合线下活动，将线上教育资源进行整合发布，为学生提供活动前的活动资料包以及活动后的知识补充和反馈练习，使学生活动更有针对性和有效性。

2. 从独立学习到合作学习

在现阶段的学习过程中，学生多是和老师进行单向的学习联结，和周围的其他学习者很少建立联结，这种学习方式很难适应新的学习理念和学习要求，因此需要倡导从独立学习逐步发展为合作学习。合作学习指的是学生为了完成共同的任务而进行的责任分工明确的互助性学习。合作学习不仅能够让不同的学生在学习活动中互相学习，而且能够提高学生的学习效率，激发学生的学习积极性，增强学生的学习能力。当前已有不少学校在课堂中探索运用小组合作的学习方式，但是由于课堂教学时间和空间有限，课堂中的小组合作学习可能存在如学生参与合作不平衡、合作学习时间安排不合理等问题，因此合作学习要有专业的指导和设计。

“淘活动”倡导的新型学习方式，为合作学习提供了有利的环境，拓展了活动空间。平台中的活动由学生自主报名参加，由专业的指导老师全程引导，学生的分组经过大数据的精准分析匹配，确保每个小组内成员的多样化。与课堂中的小组活动相比，基于真实场景的学生活动面临的问题更加复杂也更加多变，要求学生利用综合的知识去合作解决一些真实的问题，学生能够在与其他同学共同活动的过程中获得新知识，进一步提高交往和创新的能力。并且平台可以通过评价反馈机制为参与活动的学生进行适当成长奖励，激发学生主动参与活动的热情，形成活动—学习的良性循环。

3. 从学科学习到跨学科学习

新修订的义务教育课程方案明确提出要“开展跨学科实践”。跨学科学习是基于学科主动跨界的学习活动，是建立在对学科知识系统化、结构性学习的基础上，以学科的融合提升学生的核心素养，其前提是坚持学科立场，是一种具有整合性、大单元、主题化等特征的学习方式，是以学生为中心、促进学生全面发展的学习方式。相比于传统的学科学习，跨学科学习以现实的主题为核心，把知识和经验组织成单元，这需要教师正确把握教育目标和学习功能，以“大观念”“大任务”“大主题”重构学习内容，设计出融合多种学习经历和体验且学生喜闻乐见的学习活动。

“淘活动”推出的活动都是基于跨学科的主题活动，倡导在真实场景探索出问题的真实解决方案。比如推出“我和西湖”主题活动，在带领学生到西湖参加活动的过程中，引导学生探究西湖的地理位置、生态圈等，从而联系到相关的地理学、生物学知识，在活动中培养学生的调查研究能力和跨学科解决问题的创新能力。未来，“淘活动”将联动各学科的教研员，共同合作设计，推出具有特色的跨学科活动，努力培养能跨学科解决问题的创新人才。

4. 从理论学习到实践学习

新修订的义务教育课程标准要求突出实践育人，强化课程与生产劳动、社会实践的结合，让学生经历“发现问题、解决问题、建构知识、运用知识”的过程，从而克服认识与实践“两张皮”的现象。过去学生的学习以理论学习为主，导致学生在实际场景中难以运用学习过的知识解决实际问题。因此，在落实“双新”过程中，要强化学科实践，要运用学科的知识、概念、工具，整合认知过程与操控技能，引导学生亲身参与和亲身经历，从而解决实际问题。

“淘活动”强调的是活动育人和实践育人。如何为学生搭建真实的情境，让书本上的理论内容以立体式、生活化的方式在活动中呈现，让学生在沉浸式的体验中对知识有更加本质、更加整体的理解，引导学生探究更具有思维含量的问题，从而让学生的认识能够基于实践，并在实践的过程中得到提升，这些都是“淘活动”未来发展需要重点考虑的问题。

三、打造私人订制的学习空间

随着信息技术的发展，海量的教育资源变得触手可及，在“双减”背景下空出来的周末，学生面临的不是“学什么”的问题，而是“如何学好”的问题。即便有大量的教育资源，学生可能也很难获得较好的学习效果。究其原因，一方面，现在的学习是一种无处不在的学习，需要学生自主学习，不同于学校的正规教育，课外的教育活动需要学生具备较高的自主学习能力和信息素养，信息获取不足、自我控制能力差等都会影响到学生的学习效果；另一方面，社会有很多的资源和服务都具有普遍适用的特点，适合大部分的学生，但是并不够智能化和精准化，不能为学生的个性化学习和活动提供相应支持。因此，“淘活动”要通过平台提供能够满足学生个性化发展需要的学习活动。

1. 配置个人学习空间

为了实现学生的个性化学习，未来随着信息技术的进一步发展，“淘活动”可以通过平台为每个学生配置个人的学习空间（见图 6-1-3），这一学习空间应该具有定位、信息搜索、情景感知、智能分析等功能，分析学生周围环境、学习资源等相关信息，即时推送附近的学习活动资源，为学生的个性化活动提供支持。同时，学习空间引入人工智能、虚拟现实等技术，是高智能化的学习空间，让现实环境与数字空间无缝衔接，帮助学生在非正式的学习环境中进行泛在学习。

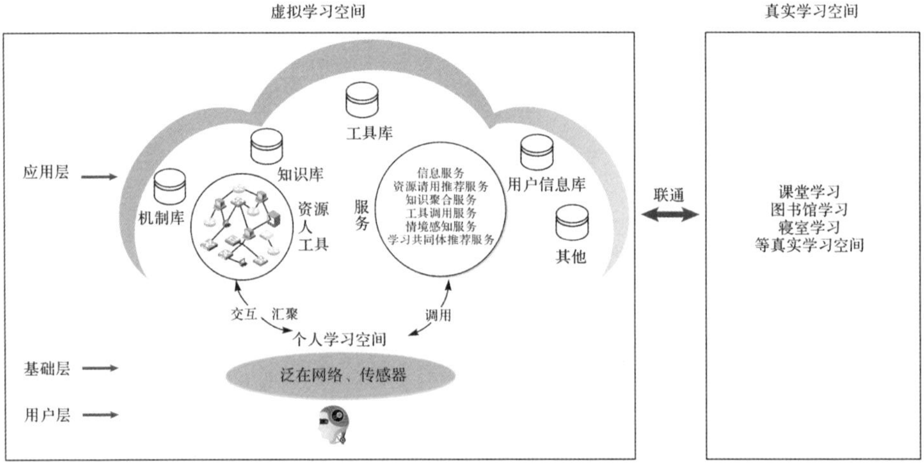

图 6-1-3 “淘活动”个人学习空间模型

“淘活动”平台上的学习空间是真实学习空间与虚拟学习空间的有效融合，在这样的学习空间中，学生能够自由使用各种活动资源和服务。真实学习空间是指平台通过定位感知到学生周围的物化学习空间，包括教室、实验室、图书馆、社会场馆。虚拟学习空间如“淘活动”平台链接的学习系统、网络课程、线上活动场景等，是在网络支持下形成的。真实的学习空间能够让学生感知到临场感，通过面对面的学习活动感受社会化育人空间的优势。而虚拟学习空间能够让学生在虚拟的空间环境中自行开展学习活动，跨越时间与空间的限制，一键获得优质的数字化学习活动资源。

学习空间以学生为中心，为每个学生建立本体信息库，包括学生的个人信息、参与活动情况、兴趣爱好、学习情况、德智体美劳发展指数等，空间系统将根据学生的学习行为智能分析学生的学习风格。学生可以根据自己的兴趣、爱好、需求在学习空间中选择资源或工具管理学习，自主开展学习与活动；还可以上传参加活动的图片、视频，通过空间中的学习积分兑换装扮空间的道具，实现真正的私人订制。同时，个人的学习空间也可以在平台的“班级圈”“学校圈”分享展示，同学之间可以相互点赞、评论，满足学生学习的社交需求与个性化展示需求。

2. 推荐个性化活动

“淘活动”有丰富的活动资源，但学生的时间和精力是有限的，对这些活动需要有所取舍，可能会面临不知道选择参加哪些活动的困惑。目前“淘活动”通过平台已经推出“推荐活动”板块，这些活动往往是根据活动热度进行排序的。下一步，基于个性化学习的需要，计划在信息技术的发展基础上，综合学生的评价结果、兴趣爱好、活动偏好等多种因素，为学生进行个性化活动推荐，让每一个孩子都能接受到适性的教育，保障每个人都能够有精彩人生的机会。

平台将“推荐活动”升级为“个性化推荐”板块（见图 6-1-4），内含“猜你喜欢”“本周上新”“建议参与”三个模块。“猜你喜欢”模块是根据学生参与过的活动数据和学生个人填写的兴趣爱好等相关内容，为学生提供有针对性的活动推荐，学生通过浏览这一模块可以及时发现符合个人偏好的活动，活动内容与排序将根据学生的动态数据每天进行调整。“本周上新”将主要推荐一周内上新的活动，结合学生的兴趣爱好进行一定的排序。学生可以在此模块选择最新的活动，同时，学生参与过或者与之相似度较高的活动，系统不再重复推荐，以此来确保学生参与活动的多样化。“建议参与”模块是平台根据学生的评价结果以及教师和家长的发展建议推荐的活动，往往是学生在德智体美劳五方面还须进一步提升的活动。这些活动能够引导学生突破个人舒适圈，实现全面发展。

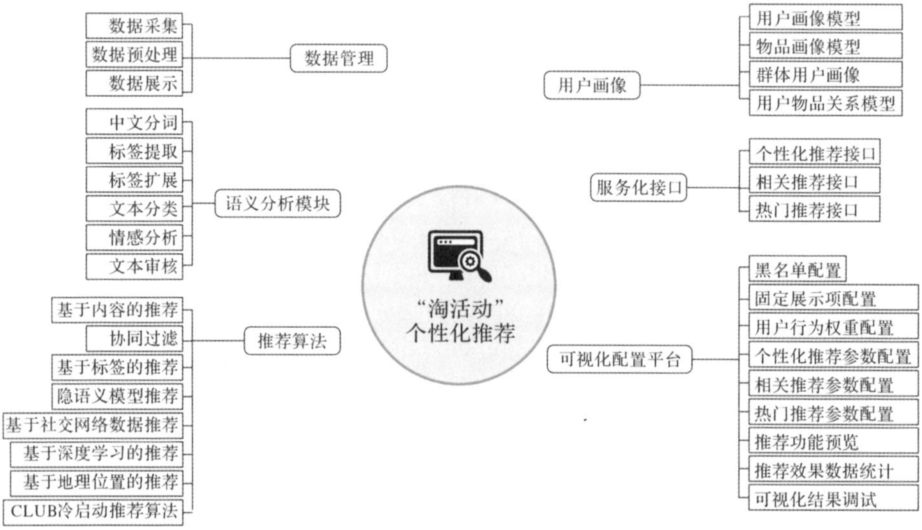

图 6-1-4 “淘活动”个性化推荐系统

为了进一步增强平台的个性化推荐功能，平台还将增加“消息推送”功能，学生及家长会定期收到平台的消息推送，以消息弹窗的形式让学生及家长能够第一时间获取到活动资讯。“淘活动”平台还将为学生家长增设“成长提醒”功能，综合平台采集到的学生校内外学习、体育锻炼、参与活动等各类数据，对学生进行成长分析和预警，如学生在某一方面的发展长期处于底部，平台将适度提醒，并为学生提供有针对性的活动推荐。

3. 协助学生规划职业生涯

中小学阶段是学生认识自我、树立志向、培养兴趣、增长才干的重要阶段，在中小学阶段为学生开展职业启蒙教育，对学生形成正确的职业观、择业观具有重要的意义。2021 年，中共中央办公厅、国务院办公厅印发《关于推动现代职业教育高质量发展的意见》，要求加强各学段普通教育与职业教育渗透融通，在普通中小学实施职业启蒙教育。下一步，“淘活动”可以借助平台为中小学生进行职业启蒙。

“淘活动”将通过平台为学生开展职业测评（见图 6-1-5），如霍兰德职业兴趣自测，综合学生测评结果、学生“淘活动”参与情况，借助大数据分析每一位学生的个人喜好、情感态度、活动参与情况、性格特征，为每位学生提供有针对性的职业规划，为每个学生的职业道路选择提供技术支持。同时将分析结果反馈给学校与家长，提高该功能的实用性与实效性，协同学校和家长共同为学生未来进行规划。

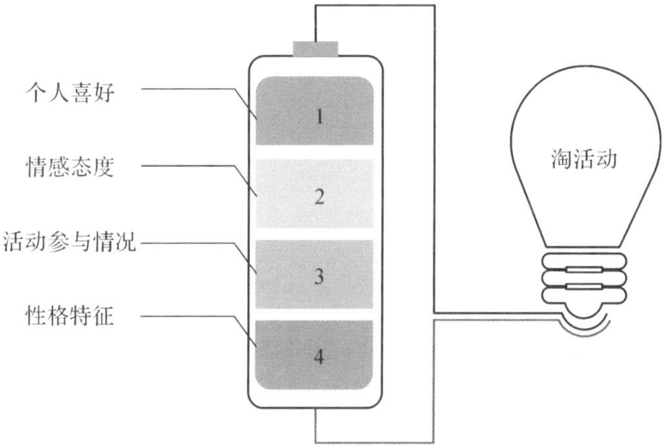

图 6-1-5 “淘活动”通过大数据分析，为学生的职业选择提供参考

为了进一步帮助学生进行职业启蒙，进行职业生涯规划，“淘活动”还将通过平台推出“上城学子职业启蒙系列活动”，该活动包括线下线上两种不同的体验方式。线下活动以实际工作场景为出发点，让学生真切地走进社会发展的主战场，获得真实的职场感受。线上活动将通过引入数字“孪生”技术，复刻一些高精尖行业的工作场景，突破线下职业体验活动的限制，让学生在虚拟的学习空间进行体验活动。通过引导学生参加系列活动，有效帮助学生了解职业的内涵，激发学习动机，培养职业意识与志向，从而在学生的心中播下职业启蒙的种子，让他们的职业方向更加清晰，拨开职业选择的

迷雾，看到更远的未来。

未来，“淘活动”将不断提升智能化水平，以学生为中心，尊重学生的个体差异，为学生构建精准动态的数字画像，实现综合素质电子化评价，配置私人订制的学习空间，让每一个学生的兴趣爱好、五育发展、成长方向都一目了然，助力学生走向深层学习，从而实现全面发展。

第二节
为教育的现代化治理赋能

习近平总书记在全国教育大会上明确指出，我们要抓住机遇、超前布局，以更高远的历史站位、更宽广的国际视野、更深邃的战略眼光，对加快推进教育现代化、建设教育强国做出总体部署和战略设计。推进教育治理体系和治理能力现代化是《中国教育现代化 2035》重大战略任务，是我们当下建设教育强国必须面对的重大课题。在区域教育治理中，“淘活动”这一小切口有望撬动教育领域的大治理。

一、数据驱动教育决策

“淘活动”的价值不仅在于资源整合，为学生提供各类活动，而且还能助力学生个性化发展。后台采集的各类丰富的数据资源更是有待挖掘的宝藏，能够直接反映教育发展的方方面面。“淘活动”平台可以联通各个学校“智慧大脑”，采集学生成长相关的各类数据，通过分析这些数据，客观地反映教育领域在落实系列政策如“双减”政策的具体情况，能够基于评价反馈改进社会公共服务，也能够推动区域德育工作数字化转型支撑。

1. 精准反映“双减”政策落实情况

2021 年 7 月，中共中央办公厅、国务院办公厅印发《关于进一步减轻义务教育阶段学生作业负担和校外培训负担的意见》，从党中央和国家层面提出为学生减负，力求根除教育领域的“顽瘴痼疾”，改善教育生态，促进教育回归本位。上城区在落实“双减”政策的过程中，在加强作业管理、提升教育质量、做优课后服务、规范校外培训机构等方面正向着力。“双减”政策推行已经一年有余，取得了较好效果，学生的作业设计更加科学合理，创新推出分层作业、可选择性作业、实践性和探究性作业等形式，学生作业负担减轻；推出的“1+X+Y”课后服务体系满足学生个性化课后服务需求，学科类培训机构压减率达 100%，学生的校外培训负担明显减轻。

“淘活动”平台作为“双减”背景下为学生提供公益性活动的平台，在反映政策落实情况的数据中，除了学生作业负担和校外培训负担调查反馈数据、校外培训机构数据、教学质量满意度调查的数据外，活动参与率、活动人数、活动时间等数据也是“双减”晴雨表。通过平台的数据后台，我们看到，自“双减”政策实施以来，参与活动的学生人数明显增加。平台推出了很多新的实践活动，报名人数与日俱增，每个新推出的活动都会在 30 秒内被“秒杀”，活动呈现“供不应求”的情况。由此可以看出，“双减”后，学生在课后、周末有更多的时间和精力参与各类实践活动，“双减”将更多的时间还给了学生，撬动了更好的教育生态发展。

2. 基于评价改进社会公共服务

“淘活动”平台参考淘宝的运营模式，在官方背书下引入博物馆、美术馆、科技馆等各类场馆资源，为区域内的学生提供丰富的活动。为了真实地反馈学生的活动体验，平台计划开设“用户评价”栏目，学生在参加活动后，可以对组织活动的教师、辅导员、场馆进行星级评价，记录自己的真实活动体验和感受，并提出改进的意见和建议。学生的真实评价和学生活动参与情况，能够客观地反映出各级各类场馆的使用率、场馆的综合评价、场馆的用户体验等相关内容。

社会场馆作为重要的社会公共服务资源，应该以用户为中心，为广大市民服务，开阔他们的视野，满足他们的精神需求。杭州市推行“第二课堂”行动计划已有十余年，但目前的社会场馆，无论在硬件配置还是课程设置上还都不能契合学生发展的需要。学生究竟喜欢什么样的场馆？学生究竟对什么样的课程会有参与的兴趣？“淘活动”平台可以为教育和场馆之间建立数据的联结。根据“淘活动”平台的大数据分析，政府可以对满意率较低的场馆进行关注，深入调查了解场馆满意率低的原因，如场馆的设备陈旧、场馆的课程不够生动、场馆的互动体验感不强等。场馆收集到这些意见，再以问题为导向，对场馆进行改造升级。同时，可以通过大数据归集，对各类场馆进行分类，如分为文化类、体育类、科技类等，深入了解哪一类的场馆使用率较高，哪一类的场馆使用率较低，在进行新一轮城市规划时，就可以增加使用率较高的场馆种类的建设。这也是未来“淘活动”平台的重要价值所在。

3. 推动区域德育工作数字化转型

上城区历来重视学生的德育发展工作，早在十年前就与北京师范大学合作开展了“基于学生发展的区域教育提升”项目，从 2009 年至 2015 年，每年为全区的学校、教师和学生出具上万份测评报告。这些测评报告关注学生情绪情感、价值观、法律意识、自我意识、问题行为等，其目的就是“读懂学生”，更好地推进教育发展。随着教育数字化工作的不断推进，借助“淘活动”平台对学生五育发展情况进行数据采集，区域德育工作的数字化转型迎来新的发展契机。

在大量采集学生活动数据之后，可以从区域层面对不同学校、不同学段、不同家庭背景的学生进行分类比对分析，全面掌握区域学生的德育发展状况。

这样的数据分析一方面，可以从全区角度判断上城学生的发展状况，比如劳动教育发展状况、沟通交往能力情况、亲子互动水平指数等，并根据这些分析数据明确下一步学生德育工作的重点，设计出符合上城学生发展状况的系列德育活动。另一方面，也能从全区层面综合分析出不同类型学校之间学生发展的差异，进而判断是家庭经济状况还是学校德育工作导致了这些差异。甚至可以进一步分析二胎家庭对学生成长的影响，男女生德育发展状况的阶段性表现，学生九年成长的追踪性分析等。通过这些分析来推动教育决策的改进，既可以着眼于微观，也可以放大到宏观，甚至可以做一个较长时间段的延展和对比，从而促进教育政策真正落地起效。

二、融通全时空教育资源

“淘活动”平台作为为学生提供各类实践活动的平台，可借鉴淘宝的运营模式，不断扩展延伸，整合各级各类线上课程资源、课后服务资源、教育数字资源，实现教育资源全时空融通，发展成为孩子们学习和活动的“淘宝库”。

1. 整合各类线上特色课程

互联网的发展衍生出各级各类线上课程平台，有官方的如国家中小学网络云平台、之江汇教育平台，有企业的如网易云课堂、腾讯课堂、荔枝微课堂，B 站也有很多精品公开课，线上课程资源海量云集，学习内容丰富多彩。面对如此丰富的线上课程资源，我们的学生如何能够快速获取自己所需要的课程，并和课堂内的课程有效衔接呢？“淘活动”平台可整合各类线上特色课程，为学生实现精准匹配与个性化推荐。

一方面，“淘活动”平台可以联动各个平台，进行课程资源的互联互通，组建一支专业的教育团队，对各级各类线上课程资源进行审核，将通过审核的优质课程资源纳入“淘活动”平台的“课程库”，类似“商家入驻”。另一方面，“淘活动”平台也可组织区域内的名师，拍摄视频微课，将原先散落在各个学校和教研平台上的课程资源整合进“淘活动”平台，类似于“平台自营”。两大板块结合平台对学生的评价与分析，定期为学生推送符合需求的课程，引导学生通过多种形式的学习补足薄弱环节。同时也可利用语音识别、文字识别等功能，定期对平台的课程进行审核，如课程内容过时、不符合新的课程标准和方案，就需要及时下架该课程，确保平台课程的整体质量。

“淘活动”平台还将记录学生的线上课程学习情况，给予学生一定的学习积分，激励其学习的积极性与主动性。同时通过追踪学生的文化成绩、课堂表现，智能分析线上课程对其的帮助情况，并不断优化课程推送机制，确保学生需求与课程的精准匹配。

2. 构建开放性托管服务体系

在“双减”背景下，上城创新推出“1+X+Y”的课后服务体系，提供基础托管和特色发展课程，不仅有效缓解家长接送难的问题，还可同时助力学生全面发展。基于此，区域内各个学校通过立足学校资源、联动社区资源、融通场馆资源等方式，为学生提供各级各类特色课程，如“科技梦工厂”“中草药课程”“STEAM 课程”“宋韵主题项目学习”等。当前，学校的课后活动主要面向本校学生，不同学校的学生很难体验到其他学校的特色课程与活动。鉴于此，“淘活动”平台将整合区域优质的课后服务资源，构建开放性的课后活动体系，学生根据自己的兴趣和需求在平台上选择其他学校的特色课后服务课程，进一步提升课后服务的质量。

除学后托管外，上城也对暑期托管进行了一定的探索。广大中小学生以街道社区为单位，在暑期报名参加指定学校的托管，以“官方带娃”的形式为广大群众解决“看护难”的问题。然而，当前的暑期托管存在跨学校管理难、学生安全责任不清、托管费用缺乏监管的问题。下一步可借助“淘活动”平台打通全域资源，只要是区域内的学生都可以通过这个平台自主选择暑托学校，暑期服务资源能够为区域内每一位中小学生开放。同时所有的报名、缴费、用餐、保险等都在平台系统内完成，学生在暑托期间的活动表现全程记录在学生的成长档案内，让每个孩子都能享受到适合自己的教育服务，实现个性化成长。

3. 引入全域教育数字资源

随着数字化存储、展示，二维、三维数据采集等技术在各类社会场馆的应用，许多博物馆、美术馆、科技馆等社会场馆都推出了网上展馆，实现居民足不出户即可以“云游”展馆。在疫情防控的特殊时期，这些线上展馆为大家提供了特殊的游览与学习体验，有效满足了大家的文化需求。“淘活动”平台可以对这些场馆的数字资源进行整合，与社会场馆签订协议，从线上层面进行资源的互联互通，将杭州市、浙江省乃至全国的数字展馆链接到平台之上，根据这些场馆的性质分门别类进行呈现，让学生和家长只在一个平台上就能获得优质的线上场馆参观体验，同时平台也可以结合学生的兴趣爱好及教师教学的需要，对数字场馆进行个性化推荐。

未来的“淘活动”平台，通过对全域数字场馆资源的整合，让学生在信息服务终端即可以一键游览到全国各地的场馆，为学生建构平台上的资源集合，开阔学生的视野，为各类场馆与学生之间打开互动新窗口。学生可以在云游展馆后，在评论区写下自己的感受，也可以与其他云游展馆的同学在评论区互动，在交流沟通中共同承担起文化传播的重任。教师也可以将这些资源整合、转化为自己的课程资源，组织学生进行课内外的一体化学习，实现线上线下、课内课外、本土全域的联通。

三、共建协同育人新样态

2018 年，习近平总书记在全国教育大会上指出：“办好教育事业，家庭、学校、政府、社会都有责任。”学生的成长，不仅是个人的事情，也是家庭、学校、政府、社会的事情。家庭是学生出生后首先接触到的生活环境，也是他最早接受教育的地方，始终影响着他的成长。学校是学生学习知识、增长才干的重要场所，是教育的主阵地。政府承担着依法办学，普及、发展教育及管理教育行政的重要职责。社会是各类教育的延伸和发展，涵盖学生全面发展的各种活动。因此，“淘活动”的未来发展一定是在家校政社四方有机衔接、相互配合的基础之上的，它的未来发展展现的是一种新型的教育共同体样态。

1. 构建实践育人共同体

如何真正发挥实践活动在立德树人中的重要价值，让学生在实践中“活”起来？“淘活动”平台作为学生实践活动的重要平台和载体，可以有效推动家庭、学校、政府、社会四方协同联动，构建实践育人共同体，打通素质教育与实践育人的“最后一公里”。

当前，家庭教育、学校教育、政府教育、社会教育存在时空的分化与功能定位的不同，导致这几种教育的衔接存在薄弱的环节，有时甚至出现“错位”。培养真正的“全人”，需要各个主体力量之间协同发展。从组织形式上看，“淘活动”平台引导学生从学校走向社会，部委办局、社会组织、行业协会、家庭个体都可以是课程的设计者和提供者，各方力量都参与到育人过程之中。从授课主体上看，教师不再是权威和首席，有各种专业能力的能工巧匠、“非遗”大师、行业精英都可以参与到学生教育之中，形成全社会共同支持教育的良好氛围。从机制建设上看，“淘活动”平台的数据记录、机构准入、后台评价等功能让育人共同体的组建从实践层面走向了制度层面，各个主体之间的协同和制约、合作与竞争都有了机制建设的萌芽。

未来，可基于“淘活动”平台，构建实践育人共同体，进一步厘清家庭、学校、政府、社会教育的责任边界，在政府牵头下，建立四方协同育人的机制，将政府、学校、社会三者教育功能相关的数据链接到“淘活动”平台中，家长、学生在信息端进行注册，探索建立线上联席会议制度，增加四方交流的板块，实现各相关主体之间的有效互动（见图 6-2-1）。

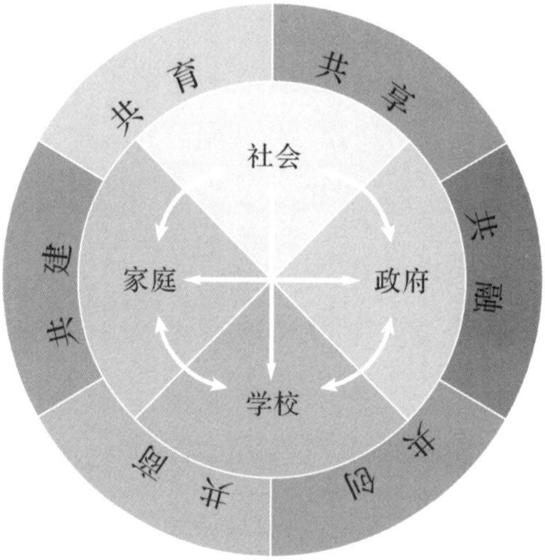

图 6-2-1　家校政社四方协同育人逻辑图

2. 大力实施“馆校合作计划”

近年来，我国把文博发展作为重要的国家战略，随着“双减”政策的实施、社会场馆的提升改进、政府官方的推动，学生课后、周末到各类社会场馆参观、学习越来越频繁，“淘活动”场馆类活动的参与率更是呈直线上升趋势。可以看出，社会场馆已经成为学校教育之外非常重要的“第二课堂”，是学校教育的有效补充。但是对于学校和教师而言，场馆资源与学校教育之间的衔接远远不够，两者之间还有更多的合作空间。

通过“淘活动”平台，博物馆等社会场馆与政府、家庭建立了有效的连接，基于此，我们希望博物馆与学校也能够进行更深层次的合作。上城区将实施“馆校合作计划”，推动入驻“淘活动”平台的学校与各类社会场馆进行合作，通过项目化的合作方式，加深教师对各类场馆的了解，灵活使用相关资源。“淘活动”平台提前发布参与项目的各类场馆的活动日期和具体的活动日程，学校教师可以自行下载申请表进行预约，在指定时间参与各类场馆设计的各项学习体验活动，提升利用场馆资源开展教学的专业发展能力，从而促进教师与各类场馆相互了解，鼓励教师自主将场馆教育资源应用到课堂教学和学校教育中。

未来，上城区也将通过“淘活动”平台，鼓励、组织教师和场馆人员共同研发“博物馆课程”，结合各个场馆的学习主题，根据学生成长的需要和教育发展的规律，设计出不同学段学生的“馆本课程”，让教师、场馆人员以及学生共同成为授课的主体，让“我在博物馆上学”成为一种现实，实现场馆资源和学校资源的连接互通，为学校与社会协同育人探索新的路径。

3. 建设掌上未来社区教育场景

2019 年 3 月，浙江省政府印发《浙江省未来社区建设试点工作方案》（浙政发〔2019〕8 号），围绕“促进人的全面发展和社会全面进步”，营造未来邻里、未来教育、未来健康、未来创业、未来建筑、未来交通、未来低碳、未来服务和未来治理九大场景（见图 6-2-2）。其中，未来社区教育体现的是面向未来的终身学习、泛在学习的理念，是需要家庭、社区、政府、学校共同参与的教育样态。“淘活动”可以说是未来社区教育场景中的体现，因为它具备家庭、学校、政府、社会共同参与的大教育观，着力打破校社壁垒，促进协同育人。

下一阶段，“淘活动”平台的建设要抓住契机，与未来社区教育场景的构建同向同行。未来的社区教育，是“学校在社区中，社区在学校中”的形态，学校可以在场馆开设劳动教育、生命体验、创客等教育场景，让学生在真实体验中发展素养与能力，满足不同层次的学习空间需求。同时，学校的资源对社区开放，如学校的体育馆、图书馆，学校名师、校长在社区中建立工作室，为广大居民的终身教育服务。

未来，“淘活动”平台可以模拟建设未来社区教育场景，打通社区内每个学生的线上学习空间，引入数字“孪生”技术，对现实社区场景进行仿真模拟，系统可以实时呈现学校的资源使用情况，如图书馆在馆人数，名师、校长工作室咨询人数等，让广大居民通过掌上平台获取学校资源的相关信息，也能够帮助中小学生深刻了解社区概念，扮演社区中的角色。

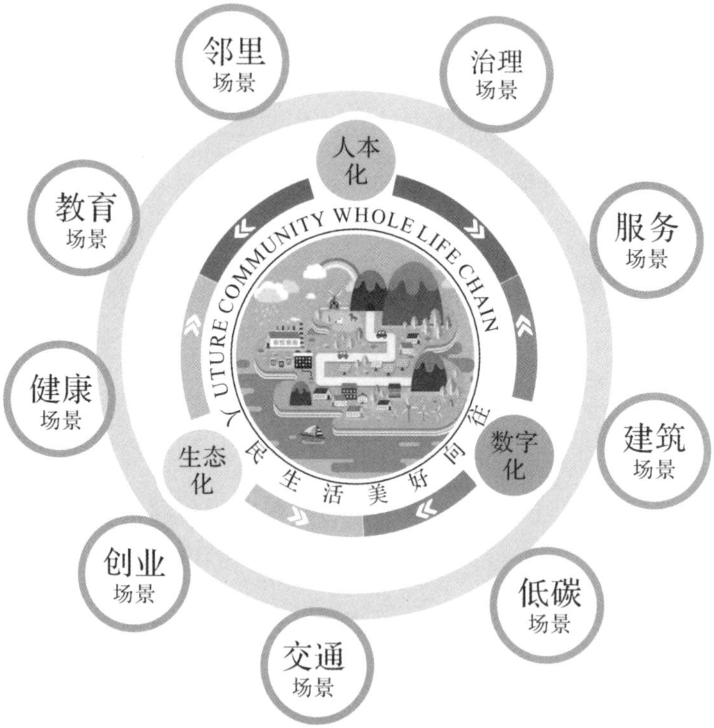

图 6-2-2 未来社区九大场景

四、从“淘活动”走向“淘教育”

“淘活动”以学生为中心，在学生活动、信息获取、服务便利等方面拥有较大的优势，其出发点是通过平台在社会活动资源与学生活动需求之间做好匹配，实现供需之间的有效循环，让教育“立德树人”的根本任务落地生根。鉴于此，上城区以“淘活动”的发展为基础，进一步衍生出“淘教师”“淘课程”“淘公益”等“淘教育”系列，实现各类教育资源的有效整合。

1.“淘教师”将教师资源引入学校

伴随着国家“三孩”政策的出台，学校孕产假教师数量有所增加，教师资源缺口进一步扩大，临时性代课需求随之上升。与此同时，“双减”之下，教培行业降温、转型，部分教培行业从业人员缺少平台与机会。因此，上城区尝试搭建“淘教师”平台，整合教培行业市场资源，建立后备教师资源库，学校在平台发布代课需求，平台通过算法精准完成供需匹配，实现学校临时代课教师自主选择“一键淘”。一方面解决学校师资不足压力，另一方面有效缓解社会的就业压力，促进教师资源的流动。

截至2022年8月，“淘教师”平台已经完成搭建，增加了监管、后台等功能，并正式投入使用。平台不断完善教师运营服务体系，及时做好教师资质审核。“淘教师”平台已注册有资质的优质师资13000余名，已累计注册学校、幼儿园共计143所，其中26所学校已通过平台发布代课教师招聘需求，5所学校顺利完成招聘，平台教师完成进校服务。根据已开展进校服务的学校反馈，平台教师专业性较强，能够较好完成学校的教学任务，学生、家长对课堂的满意率较高，有效缓解了学校的教学压力。

后续将持续推广“淘教师”平台，不断完善系统功能板块，强化平台的服务能力与运营能力，进一步整合市场资源，补充师资缺口，降低学校的招聘成本。建立“淘教师”大数据驾驶舱，加强对学校教师缺口、匹配流程、授课反馈的链条式管理，加快数字化建设进程。形成稳定代课教师服务的闭环，既为社会教育工作者提供就业机会，又解决学校教师缺口，并将平台辐射推广至省市平台，实现共富路上教育先行。

2.“淘课程”让名师走近学生

上城区作为杭州市中心城区，拥有优质的教育资源，且有一支在全省、全国具有较大影响力的名师、名班主任和教育名家队伍。全区现有正高级教师23人，累计培养省特级教师85名、杭州市高层次人才1025人，他们教授的名家课程深受广大学生、教师和家长的追捧。为了让优质的师资和课程资源惠及更多的学生，上城区后续将要推出的“淘课程”系列，邀请区内特级教师通过平台上线课程，以免费的形式供给全区的学生和教师。

“淘课程”分为线上、线下两个系列。线上课程将由特级教师录制，按照学段、学科分门别类地呈现，学生可以在平台上通过搜索或筛选来选择自己想听的课程，足不出户便可以收听、收看特级教师带来的优质课程。线下的课程则由特级教师提前在平台发布课程信息，有特定的时间、地点和人数要求，各个学校的学生都可以在平台上报名，并在指定的时间、地点上课，实现学生与特级教师面对面，促进学生“走班、走校”。同时，各学校也可以在平台上发布课程需求，说明具体的授课时间、地点、学科、主题，特级教师可以在平台进行课程认领，并在规定时间、地点为该学校学生进行授课，授课时长将转换为教师积分。

为了确保学生借助“淘课程”平台的学习效果，课程结束后，学生可以在平台独立地对课程进行评价，也可以向课程教师进行留言提问，实现与名师的双向交流互动。平台会对学生的线上线下学习全过程进行追踪与记录，并对学生学习情况进行全面分析，为学生学习进行精准的个性化推荐，实现优质课程资源与学生个性化学习需求之间的匹配。

3.“淘公益”让教育走向社会

每个学生都生活在社会之中，是家庭、班级、学校、社会的一员。在中小学阶段，我们要着力培养他们的社会责任感，培养他们的国家意识、民族意识。一个有社会责任感的学生，一定是在社会生活中有担当、有思想、有格局的人。参加公益活动，能够帮助学生走出课堂，走出学校，走入社会，关注到不同的群体，增加自身的体验和感受，让学生更加准确地形成对社会责任的认知，提升社会担当能力。未来的育人场景一定是社会化、多主体参与的，其主体包括家庭、学校、政府、社会等，因此要搭建“淘公益”这一平台载体，连接起各个主体，为培养学生的社会责任感服务，让学生在真实的社会生活中体验和付出。

在“淘公益”平台，社区可以发布针对学校班级的志愿服务活动，由班级师生线上认领线下活动。志愿服务活动由专业的学校老师和社区工作者带领学生参加，增强志愿服务的实效。同时，社区也可以发布针对家庭的志愿服务活动，每个家庭都可在平台组建属于自己的“家庭志愿服务队”。学生与家长一同参与志愿服务活动，在活动过程中提高亲子陪伴质量。政府单位可以在平台上线一些大型的志愿服务活动，学生及家长完成线上报名，由专业志愿者培训师对其进行线下的培训，学生及家长在培训后完成线下服务。平台还将增加“淘心愿”板块，需要帮助的个人可以在平台上发布自己的心愿需求，由学生进行认领并完成服务。

为了强化志愿服务的实效，平台将对学生活动进行记录，给予每个参与活动的主体一定的志愿活动积分，将其累积到学生个人学习空间中，并综合一定时期内的服务数据，评选志愿服务形象大使，激励广大学生群体参与志愿活动。

未来已来，上城教育人正努力探索教育治理现代化的未来之路。在落实“立德树人”任务，打造实践育人的上城范例过程中，我们将坚定不移地推动“淘活动”走向未来，托举起每个上城学子的美好明天！

参考文献

［1］张治，刘小龙，徐冰冰，等．基于数字画像的综合素质评价：框架、指标、模型与应用［J］．中国电化教育，2021（8）：25-33，41.

［2］冯璐，汪伟，卞崇振．基于人工智能与大数据的学生校本综合素质评价新生态［J］．中国电化教育，2022（8）：118-121.

［3］毕家娟，陈琳，宋盐兵．泛在学习环境下个人学习空间的构建［J］．广州广播电视大学学报，2014，14（5）：9-13，36，107.

［4］梁雨．“教师博物馆日”：日本构建馆校深度合作网络［J］．上海教育，2021（24）：37-39.

后　记

⊙

不少朋友在第一次接触到“淘活动”的时候，都会很自然地拿其与“淘宝”类比。的确，2017 年，我们启动改革，推出“淘活动”平台，正是受了淘宝、亚马逊等电商平台的启发，且“淘活动”平台的设计开发也以淘宝、亚马逊等电商平台运营模式为参考。在第一期建设中，我们依托学生活动电子管理平台，使上城“三学”（学军、学农、学生存）、玩转系列等三大类活动全部实现网上报名、网上选课、网上缴费，破解了学生报名不通畅、家长缴费不方便、现金收费不安全等难题，切实为学生和家长提供了便利。2018 年，“淘活动”平台正式发布，成为浙江省首个纯公益性质的学生校外活动电子平台。平台首批注册人数即达三万余人。我们将玩转系列活动产品分为“品牌自营”和“精品入驻”两大类，“品牌自营”活动由活动中心自主开发、自主实施，坚持纯公益、全免费；“精品入驻”则充分发挥活动中心在校外教育资源整合方面的优势，与社会公益机构、文化创意机构、第二课堂场馆等进行合作联动，充分借助外力引进青少年活动精品。通过平台建设，使活动内容的选择进一步丰富，活动覆盖的网络进一步扩大，活动分布的格局进一步优化。至此，上城教育品牌“玩转系列”正式升级为“淘活动”。“淘活动”也不再仅仅是电子平台的名称，而成为区域校外实践活动的总称。

2021 年 7 月，“双减”政策颁布，孩子们对校外实践活动有了更多、更高的需求。于是，“淘活动”就更成了上城“伢儿”们的“香饽饽”。每到周末、节假日、寒暑假期，关注“杭州市上城区青少年活动中心”微信公众号上的“淘活动”预告，成了孩子们的一大习惯。每次，活动一上架便被“秒杀”。为了让“淘活动”在“双减”政策推行中发挥更大的助力，我们又结合“双减”政策精神和浙江省数字化改革要求，对“淘活动”平台进行了 2.0 版升级，并从“内容设计、实施路径、平台建设、机制保障”四方面入手，积极构建“双减”背景下学生校外成长圈，探索“双减”背景下区域青少年校外活动新样式，依托数字化技术优化“双减”背景下区域学生成长的生态环境，为持续推动学生全面成长赋能。自然，这样的探索肯定是有困难的。比如，平台的高效运行需要有强大的技术团队支持和高额的资金投入；又比如，要发挥数据资产价值，得实现教育数据互通，需要得到与学生成长相关的家校政社各个领域的支持，获得相应的数据授权……但我们一直咬紧牙关，一步一个脚印地坚持着，边实践探索，边回顾思考，边总结积累，慢慢地也就有了呈现在您眼前的这十余万字。不敢说这十余万字的书稿是多优秀的成果，或许您也已经看到了其中的诸多不足，但它确实撬动了“双减”背景下区域学生课余成长体系变化，是我们在促进上城教育优质、均衡发展过程中获得的小惊喜，也见证了我们为推进数字化改革而做出的努力。

在这里，也特别感谢为这本书的出版付出心血的众位老师，以及提供各类帮助与支持的各方人士。杭州市上城区青少年活动中心赵艳艳负责确定了全书的选题思路及相关人员的组织、分工和协调，并撰写了书稿第一章；杭州市上城区青少年活动中心金庆红负责确定了全书的基本框架，并完成了统稿、校稿及后记撰写等相关工作，同时撰写了书稿第二章；杭州市上城区青少年活动中心陈晓波、章迎华撰写了书稿第三章；杭州市上城区青少年活动中心吴丹娜、杜津津、张旦羚、朱红、施越辉、肖飞、朱青合作撰写了书稿第四章；杭州市上城区青少年活动中心吴丹娜、王超锋、俞敏合作撰写了书稿第五章；上城区教育局教育发展规划科程艳、陈少�撰写了书稿第六章。

中国教育学会副会长、上海市教育学会会长尹后庆应邀为本书作序；浙江省督学、杭州市教育科学研究所原所长施光明对全书的撰写进行了全程悉心指导；丛书主编项海刚局长和教育局全体领导班子为本书的编写工作提供了强有力的支持；杭州市上城区教育学院副院长庞科军、上城区教育局教育发展规划科科长程艳对本书编写工作给予了特别关注与帮助；杭州市金都天长小学、杭州市天长小学、杭州市回族穆兴小学、杭州市蒋筑英学校、杭州市丁蕙实验小学、杭州丁荷小学、杭州市钱江外国语实验学校、杭州市澎致小学、杭州市南肖埠小学、杭州市江城中学、杭州天杭教育集团、杭州师范大学附属第一小学、杭州市采荷第一小学教育集团、杭州天地实验小学等学校为本书提供了许多鲜活的案例。

未来，我们的研究还将继续，探索还将进行。希望大家能一如既往地关注我们的“淘活动”，关注上城教育，也真诚期待您为我们提出宝贵的意见和建议。

编者

2022 年 11 月